OMMEN

EIGENTLICH SCHADE JÜRGEN, DASS DU NICHT DABEI WARST ☺

BEIM NÄCHSTEN MAL MIT DIR!

Claudia

Anna-Klara

Kochen ist Liebe ☺

CRASH MY
BUSCHENSCHANK
- Burgenland kulinarisch -

INHALT

CRASH MY BUSCHENSCHANK

Manchmal im Leben kommt man auf verrückte Ideen. Ein Kochbuch zu schreiben, innerhalb einer Woche und einfach nur so zum Spaß aus purer Lust am Kochen und Fotografieren, ist so eine Idee. Das Ganze dann aber wirklich durchzuziehen, im Burgenland, genauer gesagt in Rust und noch genauer… doch dazu kommen wir gleich.

Alles begann im September 2014. Wie jedes Jahr war ich im Weingut Schandl, um bei der Lese zu helfen. Ordentlich hungrig von der Arbeit im Weingarten genoss ich abends im Buschenschank von Barbara Schandl ein Schnitzel (vielleicht war es auch ein Backhendl) und ganz sicher eine Portion Somlauer Nockerln (oder waren es mal wieder die Mohnnudeln?). An diesem Abend stellte mir Ursula Schandl, Barbaras Mutter, Norbert Haberhauer vor. Seines Zeichens Winzer .

Wir plauderten über dies und das und während er mir so erzählte, dass seine Schwester Angelika ihren Buschenschank immer erst im Mai öffnet, es dort eine Küche und Gästezimmer gibt, braute sich in mir ein Plan zusammen. Norbert hatte eine Steilvorlage geliefert und es bedurfte nur etwa zwei, drei Achtel, um einen umbescholtenen Weinbauern mit einer Idee zu infizieren.

Ganz so neu war der Einfall nicht, denn im März 2014 hatte ich an einem ähnlichen Projekt im Cilento teilgenommen. Damals mit Fremden. Dieses Mal sollte es viel besser werden: mit Freunden.

Weder existieren von diesem denkwürdigen Abend im Buschenschank geschichtsträchtige Niederschriften auf Servietten oder Bierdeckeln, noch bedurfte es ihrer. In Rust zählt noch das gute alte Wort. Ob Norbert wirklich wusste, worauf er sich da eingelassen hatte, darüber kann man nur mutmaßen. Auch ob, und falls ja, wie viele, schlaflose Nächte diesem Abend folgten.

Für mich hieß es jetzt, Leute für das Projekt zusammenzutrommeln. Eine Liste von Barbara half mir außerem, Produzenten rund um den Neusiedler See zu finden. Menschen also, die Produkte anbauen oder herstellen, die wir für unsere Rezepte verwenden konnten. Einigen von ihnen wird man in diesem Buch noch ausführlicher begegnen.

Im Grunde hätten wir ein Extra-Buch über die Bewohner dieser Region schreiben können, so zahlreich und bereichernd waren unsere Begegnungen mit ihnen:

Denken wir nur an das Treffen mit Hans Schwarz, der sich, trotz eines anstrengenden Sautanzes am Vortag, ordentlich Zeit im Weingut für uns genommen und uns die kleinen Wollschweine gezeigt hat.

Oder an Kati Feiler, in die ich im Buschenschank mehr oder weniger reingerumpelt bin und die sich ebenfalls nicht lange hat bitten lassen und uns später zu einem spontanen Weiberabend in die Probierstube ihres Weinguts eingeladen hat.

Angelika Haberhauer, die uns einfach hat wurschteln lassen in ihrer Küche und uns obendrein noch half, wo sie konnte, obwohl sie selber mit den Vorbereitungen für die Ruster Weinschätze beschäftigt war.

Ursula Schandl hat mit uns in ihrem Holzbackofen gebacken und uns außerdem tausend Tipps gegeben. Sie hat uns Gott und der Welt vorgestellt, Geschichten erzählt, ihren unglaublich leckeren Striezel zubereitet und war irgendwie immer da, wenn man sie brauchte.

Elsa Karassowitsch hat uns mit der Kunst des Bohnensterzmachens (es ist eher ein Machen, denn ein Kochen oder Braten) vertraut gemacht. Ein Gericht, das die meisten Burgenländer kennen und lieben, dessen Zubereitung sie aber offensichtlich schreckt und das deshalb langsam auszusterben droht.

Und natürlich ist da Norbert Haberhauer, der sie überleben musste, diese kulinarische Invasion. Geduldig hat er sich all das angesehen, was wir auf seinem Grundstück verbrochen haben.
Er hat uns seinen Weingarten und seine Lieblingsplätze rund um den See gezeigt und uns mitgenommen bei Eiseskälte zum Sonnenaufgang um 5:53 Uhr - nur damit wir Fotos machen konnten. Außerdem probierte er sich tagein tagaus mutig durch all unsere Kreationen und kredenzte dazu immer die passenden Weine, Gedichte oder Geschichten.

Auch darf der Abend hier nicht unerwähnt bleiben, an dem wir uns plötzlich mit einem Teil der Bewohner Rusts in der Küche wiederfanden. Sie wollten eigentlich „bloß mal gucken“, wir baten sie zu bleiben und zu probieren. Sie taten es mit sichtlichem Vergnügen und auch wir haben uns sehr darüber gefreut.

Das Ergebnis all dieser Begegnungen ist dieses Kochbuch! Ein Kochbuch mit Rezepten aus der Region und mit Rezepten aus regionalen Zutaten, neu interpretiert. Für mich, für uns, die wir daran gearbeitet haben ist es außerdem eine Art Geschichten-, Foto- und Tagebuch. Und es ist der Beweis, dass wir geschafft haben, was wir uns vorgenommen hatten.

Es steckt voller Herzblut und ich verneige mich vor allen, die sich für und mit uns engagiert haben. DANKE!!!

RABEA

DAS TEAM

IN ALPHABETICAL ORDER

RABEA BILZ

Eltern und Großeltern legten damals im Schrebergarten die ersten Grundlagen für Obst- und Gemüseanbau. Die Hobbykochkarriere von Rabea begann erst später zu Studienzeiten. Aus einer Notwendigkeit wurden erst Interesse, dann Begeisterung und über die Jahre Leidenschaft. Mittlerweile dreht sich fast alles ums Essen und alles, was im weitesten Sinne damit zu tun hat. Wichtig ist es ihr zu wissen, wo Nahrungsmittel herkommen und wie sie hergestellt werden. Sie will selber in der Lage sein, alles von Grund auf selber zuzubereiten und so sind Käsen, Fischen, Schlachten, Wursten, Kräuterkunde und so einiges mehr Teil ihres Repertoirs. Einmal im Jahr hilft sie bei der Weinlese in Rust und Restaurantküchen sind auch nicht vor ihr sicher. Wie gut, dass sich das alles noch prima mit Rabeas Faible fürs Fotografieren verbinden lässt. Dieses Projekt und das Kochbuch waren am Ende die logische Konsequenz.

STEPHAN DIETL

Stephan ist Fotograf und Hobbykoch aus Leidenschaft. Frei nach dem Motto: Fotografiere nur, was dich interessiert... Und natürlich, was schmeckt.
www.stephandietl.de

BERND FINK

Bernd lebt in München und begeistert sich für Fotografie und gutes Essen. Er fand es spannend, beides bei dem Aufenthalt in Rust zu verbinden. Mit im Einsatz: Eine Leica M Monochrome Kamera zum Testen. Rund um das Cooking entstanden viele ‚Making of' Aufnahmen, begleitet vom Tasting zwischendurch. Ganz wunderbar der Striezel, gebacken zusammen mit Ursula und köstlich fand er auch die Sangria.

PETRA LANG

Petra wuchs in Memmingen und München auf und wurde von ihrer Oma und Mutter mit schwäbischen und bayerischen Gerichten verwöhnt. Sie selbst hatte wenig mit Kochen am Hut, bis zu dem Zeitpunkt als sie mit 20 das erste Mal selbst Mutter wurde. Heute hat sie drei Töchter und kocht gerne ‚Freestyle' mit allem was sich im Kühlschrank so findet. Dank Rabea wechselt Petra ab und an auch gerne mal von der Hausmannskost zur Gourmetküche. Ihr Kochmotto: ‚Phantasie und Liebe sind gute Gewürze!'

ANNA-MARIA REICHEL

‚Wo die Liebe den Tisch deckt, schmeckt das Essen am besten.' Diese Erfahrung machte Anna-Maria bereits in ihrem Elternhaus. Ihre Mutter war eine hervorragende Köchin, aber auch ihr Vater wusste wunderbar mit Gewürzen und Kräutern in der Küche umzugehen. Die gemeinsamen Essen der siebenköpfigen Familie gehören zu ihren prägendsten und schönsten Erinnerungen. Die Liebe am Kochen, Gastfreundschaft und Herzlichkeit werden von ihr auch heute groß geschrieben. Beim Kochen für Familie oder Freunde und bei verschiedenen kulinarischen Veranstaltungen, geht sie ihrer Kochleidenschaft nach und trifft Gleichgesinnte. Und davon gab es reichlich bei unserer Crash-my-Buschenschank-Aktion 2015 in Rust. Anna-Maria ist Diplom Wirtschaftspädagogin und kommt aus Regensburg.

RENE SCHADE

René lebt in Würzburg im schönen Frankenland und ist schon früh der Liebe zu Wein, Bier und schönen Frauen zum Opfer gefallen. Schon als a klenner Bub hat er der Mama über die Schulter geschaut (wahrscheinlich gerade mal über die Tischkante) und fleißig mitgeholfen. Dafür hat sie ihn und seine Geschwister während der Schulzeit mit Ferienanfangs- und –endmenüs verwöhnt. Danach kam eins zum anderen: aus einem Kochbuch wurden über 50, aus kleinen Abendessen wurden große Buffets für Freunde und mittlerweile trifft er sich ein paar Mal im Jahr mit Freunden, um kleinere Kochevents zu realisieren oder einfach mal die Kreationen der Profis zu genießen. Rust war definitiv nochmal eine Steigerung. Wenn René nicht gerade am Herd steht ist er Architekt und spezialisiert auf die Gestaltung von Restaurantkonzepten. Zu diesem Beruf ist er zurückgekehrt nachdem er in den letzten Jahren als Barchef gearbeitet hat.

CLAUDIA STOCKSIEKER

Claudia ist Journalistin und lebt in Hamburg. Schon als kleines Mädchen sah sie ihrer Mutter fasziniert bei der Zubereitung von Rinderbrühe und Markklößchen über die Schulter. Ihre große Leidenschaft gilt seither allem, was mit Essen zu tun hat. Sie verschlingt Kochbücher, zaubert für Freunde mehrgängige Menüs und wählt ihre Urlaubsziele auch nach den kulinarischen Spezialitäten der Region aus. Nichts liebt sie mehr als einen Blick in fremde Küchen zu werfen, zu erfahren, was die Menschen essen und trinken. Deshalb war sie sofort Feuer und Flamme für das ‚Kochbuch-Projekt'. Und nun ist auch das Burgenland kein ‚Terra Incognita' mehr für sie.

AUS WOLLE
WEIN MACHEN

AUS WOLLE WEIN MACHEN

„Solange die anderen uns belächeln, haben wir Raum uns zu entfalten“, sagt Christa Hautzinger. Sie und ihr Mann Wolfgang betreiben eine Bioschafzucht in Tadten auf der Südostseite des Neusiedler Sees.

1996 haben sie die ersten Milchschafe gekauft. „Damals hatten wir keine Ahnung von diesen Tieren, aber der Hof war einfach zu klein, um davon als Landwirt im Vollerwerb leben zu können. Da haben wir aus der Not eine Tugend gemacht und uns die Kuh des kleinen Mannes angeschafft“, sagt sie und lacht. „Kommt, ich zeig sie euch!“

Die „mähende“ Jugend ist klein, wollig und unfassbar niedlich. 300 Lämmer wuseln bei unserem Besuch auf dem Hof der Hautzingers herum. Dazu 250 Milchschafe.
Wir geben uns kurz unkontrolliert der exzessiven Verwendung von Vokalen und Umlauten hin, bevor wir uns wieder ganz auf Christa konzentrieren.

„Eigentlich sind Schafe total untypisch für diese Ecke", erzählt sie. "Vor 300 Jahren gab es nur ganz wenige Schafe im Burgenland. Das war eine ungarische Rasse, die weder ein guter Fleisch- noch Milchlieferant war."

Die Tiere der Hautzingers sind beides. Doch natürlich liegt das Hauptaugenmerk auf der Herstellung von Milchprodukten. Dazu müssen die Tiere zweimal täglich gemolken werden, morgens und abends. Einmal am Tag wird Käse gemacht. Das Sortiment ist nicht groß, aber dafür von höchster Qualität. Neben dem Käse gibt es Schafsmilch, Topfen und Joghurt. Das meiste davon wandert auf direktem Weg in unser Einkaufskörbchen.

Die Schafe der Hautzingers fressen nahezu ausschließlich selbst angebautes Getreide, Gerste und Mais und natürlich Heu aus dem Nationalpark. Ebenfalls auf dem Speiseplan stehen Luzernen, die als wichtige Eiweißlieferanten, die Milchproduktion ankurbeln. „Luzernen gab es dieses Jahr leider zu wenige", erzählt Christa uns. „Der Sommer war zu trocken." Aber zugefüttert werden sie nicht. „Nächstes Jahr wird es sicher wieder besser."

Neben Milchprodukten kann man im Laden der Hautzingers auch Fleisch und Wurst kaufen.
„Es gibt definitiv Schöneres, als seine Tiere zu schlachten", sagt sie, „aber es gehört eben auch dazu. Es passiert hier auf dem Hof, das erspart ihnen viel Stress."

Anschließend wird das Fleisch zerteilt und verkauft. Ein halbes oder ganzes Lamm kann man hier bekommen. „Am besten ist das Fleisch, wenn die Lämmer zwischen vier und fünf Monaten alt sind“, erklärt Christa weiter. “Das ist ganz hell. Je älter die Tiere, desto dunkler das Fleisch. Es sieht dann fast aus wie Rind.“

Das kommt dann in die Wurst oder den Aufstrich. „Den machen wir selbst“ erklärt sie stolz. „Nur die Würste lassen wir beim Metzger machen. Weil der Speck von älteren Tieren häufig tranig schmeckt, verwendet er ausschließlich unser Fleisch und setzt Schweinespeck zu. Denn Wurst ohne Speck, naja, die schmeckt halt nach nix. Kommt mit, ihr müsst probieren!“

Gesagt, getestet - im Hofladen. Dort treffen wir endlich auch Wolfgang. „Aus Rust seid's“, begrüßt er uns. „Die können aus Trauben Wein machen, ich verrate euch mal, wie ich aus Wolle Wein mache. Um ihre Rebstöcke vor Verbiss zu schützen, stecken die Winzer nämlich Schafswolle dazwischen. Die Tiere denken dann, da hätte schon ein anderes sein Revier und verschwinden wieder. Und dreimal dürft ihr raten, von wem die Wolle kommt und was die Winzer uns dafür geben?“

Natürlich: vom Hautzinger Wolfgang! Zur Belohnung für die richtige Antwort auf diese rhetorische Frage gibt's jetzt Wurst und Käse, pur!

bioschafzucht hautzinger tadten
burgenland

KÄSEBROTZEIT-ADD-ONS

Eine reiche Auswahl an Käsesorten von Schaf, Ziege oder Kuh, dazu frisch gebackenes Brot, vielleicht ein paar Walnüsse und im Herbst die Trauben gleich direkt aus dem Weinberg. Das sind die Grundzutaten für eine gute Brotzeit und für den Kick sorgen unsere 5 Add-Ons.

ZIMTZWIEBELN

200 g kleine weiße Zwiebeln
1 gestr. EL Zimt
50 ml Weißwein
100 ml weißer Balsamico
Salz
Zucker

Die Zwiebeln in dicke Ringe schneiden. Diese nebeneinander in eine sehr heiße Pfanne legen und ohne Fett beidseitig goldbraun anrösten. Danach die Hitze etwas zurückschalten.

Zimt über die Zwiebeln streuen und unter Rühren kurz mitrösten. Mit Wein und Essig ablöschen und mit Salz und Zucker abschmecken. Auf kleiner Flamme solange schmurgeln, bis die Zwiebeln weich sind und der Sud fast komplett einreduziert ist.

TIPP:

DIE ZIMTZWIEBELN SIND AUCH EIN GUTER BEGLEITER ZU BLUNZEN UND HALTEN SICH EINIGE WOCHEN IM KÜHLSCHRANK.

SAUERRAHMDIP

125 g Sauerrahm
50 g Crème fraîche
125 g würziger Hartkäse
Kren aus dem Glas
Apfelschnaps/-likör oder Cider
2 EL Kräuter (z.B. Schnittlauch, Majoran, Thymian, Oregano, Rosmarin)
Salz
Zucker
Pfeffer

Den Sauerrahm mit Crème fraîche und fein geriebenem Käse verrühren. Mit Kren, Schnaps, fein gehackten Kräutern, Salz, Zucker und Pfeffer kräftig abschmecken.

TIPP:

MAN KANN DEN DIP AUCH MIT KLEIN GESCHNITTENEN APFELWÜRFELN VERFEINERN.

GEMÜSECHUTNEY

500 g Strauchparadeiser
2 mittelgroße Zwiebeln
150 g Zucchini
100 g Salatgurke
1 Karotte
2 Knoblauchzehen
1 Chilischote
100 g Zucker

1/4 l Rosé - Frizzante ‚Frizzo'
70 g Stärke
5-8 Blätter Basilikum
30 g Petersilie
Salz
Pfeffer

4 Schraubgläser á 250 ml

Paradeiser kreuzweise einritzen und kurz in kochendem Wasser blanchieren. Wenn sich die Schale am Einschnitt löst, mit einer Schaumkelle herausheben , sofort in Eiswasser geben und abkühlen. Anschließend die Haut abziehen und die Paradeiser in grobe Stücke schneiden.

Zwiebeln, Knoblauch, Karotte und Gurke schälen. Die Gurke längs halbieren und das Kerngehäuse mit einem kleinen Löffel auskratzen. Anschließend diese Gemüse, ebenso wie Chilischote und Zucchini grob würfeln.
Diese Würfel zusammen mit den Paradeiserstücken in einen Blitzhacker oder eine Küchenmaschine geben und relativ fein zerkleinern. Es sollte keine ganz homogene Masse sein, sondern noch kleine Stückchen zu sehen sein.

Die Masse unter Rühren in einem hohen Topf erhitzen. Den Zucker zugeben und nach und nach den Perlwein unterrühren - etwas zurückbehalten und die Stärke damit anrühren. Das Gemüse ca. 15 Minuten köcheln lassen. Basilikum und Petersilie hacken und unterrühren und mit Salz und Pfeffer abschmecken. Die Stärke einrühren, nochmal kurz aufkochen und sofort heiß in saubere, heiß ausgespülte Gläser füllen. Darauf achten, dass der Rand oben sauber bleibt. Fest verschließen und auf dem Deckel stehend abkühlen lassen.

TIPP:

DAS AUSGEKRATZTE KERNGEHÄUS DER GURKEN KANN PÜRIERT Z.B. ALS GRUNDLAGE FÜR EIN SALATDRESSING VERWENDET WERDEN.

TIPP:

ALTERNATIV KANN MAN GEMÜSEMASSE, WEIN, KRÄUTER, GEWÜRZE UND STÄRKE EINMAL ZUSAMMEN AUFKOCHEN, IN DIE HEISS AUSGESPÜLTEN GLÄSER FÜLLEN UND DIESE FEST VERSCHRAUBEN. DIE GLÄSER VORSICHTIG IN EINEN PASSENDEN TOPF STELLEN UND MIT WARMEM WASSER BIS MINDESTENS 5 CM ÜBER DEN DECKELN ANFÜLLEN. DAS WASSER LANGSAM ZUM KOCHEN BRINGEN UND 15 MINUTEN LEICHT SIMMERN. DEN HERD ABSCHALTEN UND DIE GLÄSER IM WASSER 1 STUNDE ABKÜHLEN LASSEN.

PARADEISERMARMELADE

800 g Strauchparadeiser
200 g gelbe und rote Beerentomaten
1 kg Gelierzucker (1:1)
2 Chilischoten
1 Sternanis
20 g Ingwer

Die Strauchparadeiser kreuzweise einritzen und kurz in kochendem Wasser blanchieren. Wenn sich die Schale am Einschnitt löst, mit einer Schaumkelle sofort in Eiswasser geben und abkühlen. Die Haut abziehen, vierteln, entkernen und in Würfel schneiden. Chilischoten entkernen und sehr fein hacken. Ingwer schälen und sehr fein reiben.
Alle Zutaten, außer den Beerentomaten, unter ständigem Rühren 4 Minuten lang sprudelnd kochen lassen. Die Minitomaten erst 15 Sekunden vor Kochende zugeben, damit sie nicht zu stark zerfallen. Sternanis herausnehmen und die Konfitüre sofort in heiß ausgespülte Schraubgläser füllen. Fest verschließen und mind. 15 Minuten auf dem Deckel stehend abkühlen lassen.

TIPP:

BEERENTOMATEN SIND IM DURCHMESSER CA. 1 CM GROß. SIE SCHMECKEN SEHR SÜß UND ÄHNELN IN IHRER KONSISTENZ DER VON WEINTRAUBEN. DA SIE SCHLECHT ERHÄLTLICH SIND, KANN MAN SIE DURCH KLEINE ROTE UND GELBE CHERRYPARADEISER ERSETZEN. DIESE ENTSPRECHEND HALBIEREN UND CA. 1 MINUTE MITKOCHEN LASSEN.

TIPP:

DIE ENTFERNTEN PARADEISERKERNE Z.B. MIT IN DEN (RINDER-)FONDANSATZ GEBEN ODER KLEINGEHACKT ALS GRUNDLAGE FÜR EIN SALATDRESSING NUTZEN.

TIPP:

PASST BEIDES BESONDERS GUT ZU SCHAF- ODER ZIEGENFRISCHKÄSE, ABER AUCH ZU ANDEREN KÄSESORTEN.

MUSKAT-OTTONEL-ZWIEBELN

2 rote Zwiebeln
125 ml Muskat Ottonel Spätlese

Die Zwiebeln in Ringe schneiden und mit dem Wein so lange köcheln, bis der Wein nahezu verdampft ist. Abkühlen lassen.

KOHLRABI-CARPACCIO

1 - 2 Kohlrabi
2 EL weißer Balsamico
Kürbiskernöl
30 g geräucherter Schafkäse
Fleur de Sel
Pfeffer
Kürbiskerne

Kohlrabi ca. 30 Minuten kochen. Aus dem Wasser nehmen, kalt abschrecken und schälen. In sehr feine Scheiben hobeln.

Die Scheiben fächerförmig auf einen Teller legen, mit Balsamico bestreichen und mit Salz und Pfeffer würzen. 10 - 15 Minuten ziehen lassen.

Mit Walnuss- und Kürbiskernöl beträufeln. Geräucherten Schafkäse in feinen Flocken darüber reiben und mit grob gehackten Kürbiskernen bestreuen.

TIPP:

STATT DEM GERÄUCHERTEN KANN ALTERNATIV AUCH DER IN ASCHE GEREIFTE SCHAFKÄSE VERWENDET WERDEN ODER AUCH EIN PECORINO ODER BERGKÄSE.

TOPFENNOCKERLN GRUNDREZEPT

250 g Schaftopfen
2 Eier
6 - 8 EL Mehl
Salz
Muskat
Rapsöl für das Blech

Topfen in ein Baumwoll- oder Leinentuch geben und vorsichtig ausdrücken bis eine fast bröselige Masse entsteht. Man kann das Tuch auch zusammenbinden und aufhängen oder in ein Sieb legen und über Nacht abtropfen lassen.

Den Topfen anschließend in eine Schüssel geben, das Mehl und die Eier hinzufügen und vermengen. Die Masse sollte eine relativ feste teigige Konsistenz haben, damit man die Nockerln gut abstechen kann. Sollte der Teig zu weich sein, noch etwas Mehl zugeben. Anschließend mit Salz und Muskat abschmecken.

In einem Topf Wasser zum Kochen bringen. Die Hitze soweit reduzieren, dass es nur noch simmert. Mit zwei Esslöffeln Nockerln formen oder mit einem Eisportionierer abstechen. Ins Wasser geben und solange darin garen, bis sie aufsteigen.

Mit einer Schaumkelle herausheben, etwas abtropfen lassen und bis zur weiteren Verwendung mit ein wenig Abstand auf ein leicht geöltes Blech geben.

TIPP:

DIE NOCKERLN EIGNEN SICH HERVORRAGEND ALS SUPPENEINLAGE.

TIPP:

ÜBRIG GEBLIEBENE NOCKERLN KANN MAN IN DÜNNE SCHEIBEN SCHNEIDEN, IN BUTTER IN EINER PFANNE AUSBACKEN UND ALS CHIPS ZU EINER BROTZEIT, EINEM SALAT ODER Z.B. RINDSSUPPE REICHEN.

Rainers
Miele

SÜßE TOPFENNOCKERLN

250 g Schaftopfen
1 - 2 Eier
4 EL Mehl
Vanillezucker
1 TL Kirschblütenhonig
1 Prise Salz
Rapsöl für das Blech

Die Zubereitung erfolgt analog zum Grundrezept, jedoch mit 1 Ei und ohne Muskat. Ein zweites Ei nur zufügen, falls der Teig zu fest ist.
Die Masse sollte eine cremig teigige Konsistenz haben. Anschließend mit etwas Vanillezucker, Kirchblütenhonig und einer Prise Salz abschmecken.

Aufgrund der Konsistenz, die süßen Nockerln am besten mit einem Eisportionierer formen.

TIPP:

DIE NOCKERLN KÖNNEN HEIß, WARM ODER KALT SERVIERT WERDEN. SIE LASSEN SICH NACH DEM KOCHEN MIT FOLIE ABGEDECKT BEI 50 °C IM OFEN WARM HALTEN.

SCHOKO-MINZ-PESTO

100 g weiße Kuvertüre
1 Bund Schokoladen-Minze
50 g geschälte geröstete Haselnüsse
100 ml Traubenkernöl
1 Zitrone, Abrieb
1 Prise Salz

Die Minzblättchen von den Stielen zupfen. Die Kuvertüre und die Haselnüsse grob hacken. Etwas von den Haselnüssen für die Deko zur Seite legen. Den Rest mit der Minze, der Kuvertüre und der Hälfte des Öls in einen Mixbecher geben und mit dem Pürierstab aufmixen. Die Konsistenz sollte cremig sein. Entsprechend mehr Öl zugeben. Etwas Zitronenabrieb und eine Prise Salz hinzufügen.

Das Pesto als Spiegel auf Tellern anrichten, die Nockerln darauf geben und mit etwas Zitronenabrieb, den Nüssen und den Minzblättchen garnieren.

MOHNWAFFELN

2 Eier
75 g Zucker
90 g Mehl
1 Prise Salz
2 EL Weinbrand
50 g zerlassene abgekühlte Butter
4 gehäufte EL gemahlener Mohn

Die Eier mit dem Zucker sehr schaumig schlagen. Mehl, Salz, Weinbrand, Butter und Mohn unterrühren und im Waffeleisen Waffeln ausbacken.

KIRSCHOBERS

100 g Kirschen
100 ml Kirschsaft
Kirschbrand
100 g Schlagobers

Die Kirschen halbieren, entsteinen und mit dem Kirschsaft sirupartig einkochen. Etwas abkühlen lassen und den Kirschbrand unterrühren.
Den Obers steif schlagen und die Kirschmarmelade leicht schlierig darunter ziehen. Zu den Waffeln servieren.

TIPP:

STATT MIT SCHLAGOBERS SCHMECKEN DIE KIRSCHEN AUCH MIT SCHAFJOGHURT GROßARTIG.

ALLES
APFEL

ALLES APFEL

Der Hof der Familie Leeb liegt im sonnigen Seewinkel des Burgenlandes. Vera Leeb, die, zusammen mit ihrem Mann Albert, den Familienbetrieb leitet, erzählt uns, dass sie mehr oder weniger über Umwege ‚auf den Apfel' gekommen sind.

Wir lauschen ihr gespannt und ‚verkosten' uns nebenbei durch die verschiedenen Apfelsaftsorten, die später, zusammen mit einem Korb voller Äpfel und einigen anderen Köstlichkeiten, in unsere Küche wandern werden.

Die Schwiegereltern hatten mit Paradeisern und Gurken angefangen, doch irgendwann spielte die Gesundheit nicht mehr mit. „Das ewige Bücken, das ging ganz schön auf die Bandscheiben". Also wurde auf Äpfel umgestellt – die hängen höher.

Was damals noch in der Steiermark begann, wurde seit 2009 Teil der Neusieder See-Kultur. Ein Glück für uns. Im Gemeindegebiet St. Andrä am Zicksee betreiben die Leebs heute mehrere Apfelgärten. Auf gut 10 Hektar wachsen die verschiedensten Sorten: von knackig-süß bis erfrischend-säuerlich. Early Gold und Piros, Gala und Pinova, Jonagold und Golden Delicious. Nicht alle Sorten werden gleichzeitig reif, die Erntezeit erstreckt sich von Juli bis in den Oktober.

Frisch vom Baum sollen die Äpfel ja am besten schmecken. Leider können wir das jetzt noch nicht testen, denn es ist Frühjahr und die Bäume stehen gerade mal in ihrer Blüte. Deshalb konzentrieren wir uns auf die zahlreichen anderen Darreichungsformen: Sortenreine Säfte, Cuvées mit Karotte, Quitte, Holunder und Zimt, außerdem Cider, Schnaps und Apfelessig in verschiedenen Variationen. Die Apfelmarmelade gibt's dann zum Frühstück und für zwischendurch Apfelchips.
Passt.

Generations- und Ortswechsel. Irmgard Leeb, Veras Schwiegermutter, nimmt uns mit in den Apfelgarten. „Das denkt man kaum, was hinter den Äpfeln für Arbeit steckt“, erzählt sie uns. Sie ist äußerst agil und fasst, gemeinsam mit ihrem Mann, immer noch ordentlich mit an im Familienbetrieb.
Um im Sommer und Herbst schöne Äpfel ernten zu können, müssen die Bäume im Frühjahr beschnitten werden. Von Februar bis in den April hinein werden Äste und Triebe entfernt, um die Baumkrone luftig und lichtdurchlässig zu halten. Nur so können sich die Früchte optimal entwickeln. Apfelbäume sind kleine Diven, die auf Vernachlässigung leicht mit geringer Fruchtgröße, schlechter Ausfärbung oder stärkerem Krankheitsbefall reagieren.

Ist der erste Schnitt geschafft, geht es mit der Ausdünnung der Blüte weiter. Das muss sein, da sonst, vereinfacht gesagt, zu viele Blüten an den Bäumen wachsen, die dann zu viele, aber nur kleine Früchte hervorbringen und im Folgejahr eventuell gar keine (Alternanz). Lässt man aber nur die qualitativ hochwertigen Blüten, im Abstand von mindestens einer Faustbreite (die alte Faustregel), stehen, können sich alle Äpfel möglichst optimal entwickeln.

Schön wäre es, sich jetzt nur noch zurückzulehnen und darauf zu warten, dass die Ernte beginnt. Bis dahin können den Landwirten allerdings noch Pilz- und Wurmbefall, knabbernde Hasen und Hagel das Leben schwer machen. Auch Stare, die allerdings nur solange zulangen, bis die Trauben in den Weingärten reif sind.

„Beschnitt, Ausdünnung und letztendlich die Ernte sind alles Handarbeit“, sagt Irmgard Leeb stolz. „2 - 3 Wochen braucht’s etwa pro Sorte, dann kommt die nächste dran.“
Bis in den Dezember hinein dauert anschließend die Saftproduktion. Das Abfallprodukt daraus, die Maische, verwenden die Leebs dann wiederum zum Düngen. „Alles Apfel“ also!

GEDECKTER APFELBITTER

Rezept von Irmgard Leeb

Teig:
45 dag glattes Mehl (oder Vollmehl)
15 dag Zucker (oder 2 EL Honig)
30 dag feste Butter
2 Eier

Fülle:
5 - 6 Äpfel raspeln
5 dag Rosinen
Zimt nach Belieben
Rum nach Geschmack

Butter mit dem Mehl abbröseln, alle trockenen Zutaten dazu mischen und die Eier einrühren. Teig kurz abkneten und 20 Minuten im Kühlschrank rasten lassen.

Teig in zwei Teile teilen, 3 - 4 mm auswalken und einen Teig davon auf ein mit Backpapier ausgelegtes Blech geben.
Die Fülle darauf streuen und den zweiten Teig darüber legen.

Im vorgeheizten Backofen ca. 30 - 40 Minuten bei 180 °C Heißluft backen.

TIPP:

DEN OBEREN TEIG AUF EINEN NUDELWALKER ROLLEN, DAMIT LÄSST ER SICH LEICHTER ÜBER DIE FÜLLUNG LEGEN.

RUSTER SANGRIA

Wenn es mal mehr als nur ein Gläschen Wein sein soll, vereint dieses süffige Sommergetränk das Beste vom Neusiedler See: Wein, Äpfel und einen guten Tresterbrand. Willkommen in geselliger Runde. Prost!

1 Zitrone
1 Orange
1 säuerlicher Apfel
115 g Rohrzucker
345 ml Chardonnay Tresterbrand
1 Flasche Blaufränkisch
230 ml Granny Smith Apfelsaft

Zitrone, Orange und Apfel jeweils längs vierteln, bei dem Apfel das Kerngehäuse entfernen und quer in Scheiben schneiden. Den Rohrzucker und Tresterbrand dazugeben, umrühren und mindestens 2 Stunden ziehen lassen.

Die Früchte leicht andrücken und mit Rotwein und Apfelsaft aufgießen. Kühl stellen und mit Eiswürfeln servieren.

TIPP:

DIE ÄPFEL KANN MAN Z.B. AUCH DURCH HALBIERTE KIRSCHEN, MARILLEN ODER WEINTRAUBEN ERSETZEN. ENTSPRECHEND DEM OBST, KANN MAN AUCH NOCH DEN SAFT (KIRSCHSAFT, TRAUBENSAFT) ANPASSEN.

BLUNZENCARPACCIO MIT APFEL UND KREN

1 Blunzenring – nicht geräuchert (pro
Person etwa 50 g)
1 Apfel (Braeburn, Gala)
Kren im Glas (pro Portion etwa 1 TL)
etwas Zitronensaft
Kürbiskernöl

Blunzen schälen und in dünne Scheiben schneiden.
Den Apfel fein würfeln, mit etwas Zitronensaft vermischen und ein wenig durchziehen lassen. Anschließend über der Blunzen verteilen, den Kren darauf streuen und mit Kernöl besprenkeln.

TIPP:

SÜßERE APFELSORTEN EIGNEN SICH AM BESTEN FÜR DIESES GERICHT. ALTERNATIV KANN MAN DEN GESCHÄLTEN APFEL MIT ETWAS ZITRONENSAFT UND KREN PÜRIEREN, MIT SALZ UND ZUCKER ABSCHMECKEN UND MIT KÜRBISKERNÖL UND EINIGEN GEHACKTEN KÜRBISKERNEN ÜBER DIE BLUNZEN SPRENKELN.

SAUERKRAUT-SCHINKEN-TERRINE

400 g Sauerkraut
30 g Lardo
3 Frühlingszwiebeln
8 Wachholderbeeren
1 Lorbeerblatt
Kümmel
Salz
Pfeffer
100 ml Cider
80 g Crème fraîche
6 Blatt Gelatine
400 g Rohschinken vom Steppenrind
Preiselbeeren

Das Sauerkraut in ein Sieb geben und mit kaltem Wasser abspülen.
Den Lardo würfeln, in einer heißen Pfanne auslassen und die in Ringe geschnittenen Frühlingszwiebeln darin anschwitzen. Das Sauerkraut und die Gewürze zugeben, mit dem Cider ablöschen und zugedeckt ca. 30 Minuten dünsten lassen.

Die Gelatine in kaltem Wasser einweichen, ausdrücken, ein wenig vom Sauerkrautsud abnehmen und darin auflösen. Alles zurück zum Sauerkraut geben und zusammen mit der Crème fraîche gut vermengen.

Eine Terrinenform mit Klarsichtfolie auslegen. Den Schinken in einer doppelten Lage so hineinlegen, dass die Ränder oben überhängen. Das Sauerkraut in die Terrine füllen, mit dem überhängenden Schinken bedecken, mit der Frischhaltefolie verschließen und im Kühlschrank 3 - 4 Stunden fest werden lassen.

In Scheiben geschnitten mit einem Klecks Preiselbeeren nappieren.

TIPP:

DIE FRISCHHALTEFOLIE LÄSST SICH EINFACHER IN DIE TERRINENFORM LEGEN, WENN DIE FORM VORHER MIT EINEM TUCH LEICHT ANGEFEUCHTET WURDE UND DIE FOLIE ANSCHLIEßEND MITHILFE DES FEUCHTEN TUCHES HINEIN GEDRÜCKT WIRD.

MOHN-ZUPFGUGLHUPF MIT CIDERCHAUDEAUX

Elsa kann nicht nur herzhaft, sondern auch süß! In Anlehnung an ihr Rezept, hier unsere eigene Version des Zupfkuchens mit Chaudeaux.

500 g Mehl
1 Prise Salz
30 g Zucker
1 EL Vanillezucker
1 Päckchen Trockengerm
60 g geschmolzene Butter
2 Eidotter
280 ml lauwarme Milch
1 Zitrone, Abrieb
40 g geriebener Mohn

Zum Einschichten:
80 g geriebene Haselnüsse
30 g Zucker
60 g geschmolzene Butter
etwas Butter

Alle Zutaten, außer dem Mohn, zu einem glatten Teig verkneten. Diesen halbieren und den Mohn in eine Hälfte einarbeiten. Beide Teige abgedeckt über Nacht im Kühlschrank gehen lassen. Am nächsten Tag jeweils einzeln zusammenstoßen und nochmal zu doppelter Größe aufgehen lassen. Statt über Nacht kann der Teig auch direkt bei Zimmertemperatur gehen. Dann auf die 2 bis 3-fache Größe aufgehen lassen.

Haselnüsse mit Zucker mischen.

Guglhupfform ausbuttern. Etwas von dem Zucker-Nuss-Gemisch einstreuen. Aus beiden Teigen viele kleine Kugeln formen und diese abwechselnd luftig in die Form legen. Jede Schicht mit flüssiger Butter bepinseln und mit Nussmischung bestreuen.
Abgedeckt mindestens 20 Minuten gehen lassen.

Bei 170 °C im Ofen 50 - 60 Minuten backen.

TIPP:

AM BESTEN NOCH WARM ESSEN. DAZU EINFACH DIE EINZELNEN KUGELN PER HAND AUS DEM KUCHEN ZUPFEN UND IN CIDERCHAUDEAUX TUNKEN.

CIDERCHAUDEAUX

Der Zupfkuchen und das Chaudeaux sind unserer Fotosession so schnell zum Opfer gefallen, dass es nicht mal mehr zu einem close-up shot gereicht hat. Auf dem Foto ist es in der Schüssel dezent zu erkennen.

2 Eidotter
100 ml Apfel Cider
40 g Zucker
1 EL Zitronensaft
1 Schuss Kirschschnaps

Alle Zutaten im Schlagkessel über einem heißen Wasserbad solange schaumig schlagen, bis die Masse homogen dicklich cremig wird (zur Rose abziehen). Anschließend den Kessel in Eiswasser setzen und solange weiterrühren bis das Chaudeaux kühl ist.

TIPP:

ALS LEICHTES DESSERT KANN MAN DAS CHAUDEAUX Z.B. EINFACH MIT MARINIERTEN ERDBEEREN ODER ANDEREN FRÜCHTEN SERVIEREN.

TIPP:

GESÜßTEN GESCHLAGENEN OBERS EINFACH UNTER RESTE VOM CHAUDEAUX HEBEN, EINFRIEREN UND ALS PARFAIT GENIEßEN.

ARMER RITTER RUST

Bye bye Rust. Die letzten Ritter verlassen die Festung. Der letzte Tag - Abschiedsschmerz. Und was macht Abschiedsschmerz erträglicher? Etwas Süßes. Also einen suchenden Blick in die Küche geworfen, Reste zusammengesammelt und das kreative Potenzial noch einmal von der Leine gelassen. Heraus kam ein süßer Schlenderschlupfer, der selbst Don Quijote wieder ein Lächeln auf das vom Kampf gegen die Windmühlen gezeichnete Antlitz gezaubert hätte.
Voilà – unser ‚Armer Ritter Rust'!

150 g übriggebliebenes Gebäck (z.B. Waffeln, Striezel etc.)
3 Aprikosen
1 handvoll Weintrauben
25 g geschälte Haselnüsse
100 g Crème fraîche
150 g Sauerrahm
100 ml naturtrüber Apfelsaft
1 Ei
1 Prise Salz
2 Msp Zimt
Zucker

Das Gebäck entweder in Scheiben schneiden oder in kleine Stücke brechen – je nach Art. Die Haselnüsse bei 180 °C im Backofen leicht anrösten bis sie Farbe annehmen und dann grob hacken. Die Aprikosen entkernen und in Streifen schneiden. Trauben halbieren. Gebäck mit Früchten und Nüssen mischen und locker in einer feuerfesten Form verteilen.

Unterdessen Créme fraîche, Sauerrahm, Apfelsaft und Ei verrühren, Salz hinzugeben und mit Zimt und etwas Zucker abschmecken.

Die Royal über die Gebäckmischung gießen. Bei 180 °C im Ofen für 30 Minuten überbacken.

TIPP:

ALTERNATIV KANN MAN DIE NÜSSE OHNE FETT IN EINER PFANNE RÖSTEN. DABEI IMMER EIN AUGE DRAUF HABEN UND AB UND ZU DURCHSCHWENKEN, DAMIT SIE NICHT VERBRENNEN.

EIN STRUDEL KOMMT SELTEN ALLEIN

STRUDELTEIG - GRUNDREZEPT

Strudel sind kein Hexenwerk und sehr dankbare Geschöpfe. Nach dem Einrollen lassen sie sich, in Klarsichtfolie verpackt, einfach einfrieren. Bei Bedarf oder spontan auftretendem Hungergefühl, den tiefgefrorenen Strudel entnehmen, auswickeln, in eine Reine geben, mit etwas zerlassener Butter bestreichen (diese haftet an dem kalten Teig ganz besonders gut) und bei 180 °C in den Ofen schieben. Die Backzeit verlängert sich dann um ca. 10 - 20 Minuten je nach Größe des Strudels.

250 g Mehl
1 zimmerwarmes Ei
2 EL Rapsöl
bis 125 ml lauwarmes Wasser
etwas Öl zum Einreiben

Das Mehl als Berg auf die Arbeitsfläche häufen. In die Mitte in einen kleinen Krater Ei und Öl geben und mit einer Gabel vorsichtig verrühren. Langsam immer mehr Mehl vom Rand dazu mischen und peu à peu das Wasser dazugießen. Wenn alles grob vermischt ist, mit den Händen weiterarbeiten und verkneten. Möglicherweise benötigt man nicht das ganze Wasser. Wenn der Teig zu feucht ist, noch etwas Mehl untermischen. Mindestens 10 Minuten mit dem Handballen in kreisenden Bewegungen ordentlich kneten. Anschließend etwa 20 mal sehr kräftig auf die Arbeitsfläche schlagen (macht eine Menge Lärm, ist aber unabdingbar). Dabei den Teig an einem Ende festhalten und das andere ein-, zweimal aufschlagen. Den Teig falten und wieder schlagen. Bei dieser Prozedur werden alle Luftbläschen aus dem Teig geprügelt und man merkt, wie er immer glatter und seidiger wird. Zu einer Kugel formen, mit ein wenig Öl einreiben, damit er nicht austrocknet, und bei Zimmertemperatur zugedeckt (z.B. mit einer Schüssel) mindestens 1 Stunde ruhen lassen. Je länger der Teig entspannt, desto einfacher lässt er sich danach ausziehen.

Dafür den Teig mit etwas Mehl erst flach drücken und dann mit dem Nudelholz so dünn wie möglich ausrollen. Anschließend ein faltenfreies Baumwoll- oder Leinentuch auf die Arbeitsfläche legen und den Teig mit den Händen weiter ausziehen. Dabei zeigen die Handflächen und die Fingerspitzen nach unten und der Teig liegt über den Handrücken. Man kann erst die Hände und damit den Teig auseinanderziehen und später, wenn er etwas größer ist, ihn auch auf einer Seite ein wenig hängenlassen, dann dehnt er sich durch die Schwerkraft. Wenn er so dünn ist, dass er zu reißen droht (obwohl er schon einiges aushält), legt man ihn am besten auf das Tuch und dehnt ihn liegend an den Rändern noch ein wenig weiter auseinander. Kleine Risse einfach zusammenzwicken, aber der Plan ist, ihn dünn und lochlos auszuziehen.

TIPP:

FÜR KLEINERE PORTIONSSTRUDEL DEN TEIG HALBIEREN ODER VIERTELN UND ENTSPRECHEND KLEINERE TEIGSTÜCKE AUSZIEHEN.

APFELSTRUDEL

1 Strudelteig (Grundrezept)
6 Äpfel
Zitronensaft
3 EL Zucker
2 EL Rosinen
1 Becher Sauerrahm
süße Brösel (z.B. aus Amarettini)
etwas flüssige Butter
Schlagobers

Die Äpfel schälen, entkernen und in sehr kleine flache Stücke schneiden. Ständig mit wenig Zitronensaft mischen, damit sie hell bleiben. Mit Zucker und Rosinen mischen.

Teig vierteln, wie im Grundrezept beschrieben ausziehen, mit je 1/4 des Sauerrahms bestreichen, mit etwas Amarettinibrösel bestreuen und 1/4 der Apfelmasse gleichmäßig darauf verteilen. Schmale Ränder leicht einschlagen und mit Hilfe des Tuches längs aufrollen.

In eine passende Reine geben, mit etwas flüssiger Butter bestreichen (auch während des Backens ab und zu mit der sich bildenden Flüssigkeit bestreichen) und im Ofen ca. 30 Minuten bei 200 °C goldbraun backen.

Etwas abkühlen lassen und mit Schlagobers servieren.

TIPP:

UNTER DIE ÄPFEL KANN MAN AUCH ZIMT ODER GEHACKTE NÜSSE MISCHEN UND DER STEIF GESCHLAGENE OBERS LÄSST SICH GUT MIT ETWAS RÜBENSIRUP ODER CALVADOS PIMPEN.

KIRSCH-MOHN-STRUDEL

1 Strudelteig (Grundrezept)
500 g Kirschen
2 Eier
20 g Staubzucker
Zimt
1 Zitrone, Saft und Abrieb
40 g Zucker
20 g Mehl
30 g fein gemahlene Haselnüsse
250 g Schlagobers
100 g Honig
1 EL Grieß
250 g gemahlener Mohn
2 Eidotter
etwas flüssige Butter
etwas Kirschmarmelade

Kirschen halbieren und entsteinen. Eier trennen und Eidotter mit Staubzucker, Zimt nach Geschmack und Zitronensaft schaumig schlagen. Eiklar mit 20 g Zucker sehr steif schlagen und unter die schaumige Masse heben. Mehl und geriebene Haselnüsse locker untermengen.

Obers, Honig und 20 g Zucker aufkochen. Grieß und Mohn dazugeben und dick einkochen. Masse abkühlen lassen. Danach Eidotter und Zitronenschale unterrühren.

Den Teig, wie im Grundrezept beschrieben, ausziehen, mit Butter und Kirschmarmelade bepinseln und die Mohnfülle darauf verteilen. Die Kirschen locker darauf streuen und mit der Eimasse abdecken.
Schmale Ränder leicht einschlagen und mit Hilfe des Tuches längs aufrollen. In eine passende Reine geben, mit etwas flüssiger Butter bestreichen und im Ofen ca. 40 Minuten bei 180 °C backen.

TIPP:

VERFEINERN KANN MAN DEN STRUDEL MIT MARZIPAN ODER NOUGAT.

MARILLEN-ZUCKERSTRIEZEL-STRUDEL

1 Strudelteig (Grundrezept)
50 g geschälte Mandeln
50 g Marillen
150 g Zuckerstriezel vom Vortag
2 Eidotter
2 Eiklar
150 ml Schlagobers
1 Zitrone, Abrieb und Saft
3 EL Zucker
Salz
flüssige Butter

Mandeln in einer Pfanne ohne Fett hellbraun rösten, abkühlen lassen und grob zerhacken.
Zuckerstriezel in ca. 1 cm große Würfel schneiden und mit den Dottern, Obers und Zitronenabrieb zu einer glatten Masse vermengen.
Marillen entkernen, in Stücke schneiden und mit den Mandeln unter die Masse rühren.
2 Eiklar mit einer Prise Salz und 1 TL Zitronensaft sehr steif schlagen. Zucker einrieseln lassen und kurz weiterschlagen. Den Eischnee unter die Striezelmasse heben.

Den Teig, wie im Grundrezept beschieben, ausziehen und die Masse gleichmäßig darauf verteilen. Dabei an einer Längsseite ein paar Zentimeter frei lassen. Die schmalen Seiten leicht einschlagen und mit Hilfe des Tuches den Strudel aufrollen. Mit der Naht nach unten auf ein Backblech oder in eine passende Reine geben.
Abschließend mit flüssiger Butter bestreichen und im Ofen bei 180 °C ca. 40 Minuten goldbraun backen.

GEMÜSESTRUDEL MIT KÜRBISKERNKRUSTE

1 Strudelteig (Grundrezept)
400 g gemischtes Gemüse (Brokkoli, Kohlrabi, Blumenkohl, Frühlingszwiebeln, Karotten)
125 g Sauerrahm
125 g würziger Hartkäse
2 EL Kräuter gehackt (Majoran, Thymian, Oregano, Rosmarin)
Salz
Pfeffer
50 g Butter

Für die Kruste:
40 g Kürbiskerne
40 g würziger Hartkäse
70 g Crème fraîche

Das Gemüse in kleine Würfel schneiden.
Den Hartkäse reiben und mit Sauerrahm und Kräutern verrühren. Mit Salz und Pfeffer kräftig abschmecken und das Gemüse untermischen.

Den Studelteig, wie im Grundrezept beschrieben, ausziehen. Daraus erst 8 quadratische Stücke schneiden, die die Förmchen überhängend auskleiden. Den Rest rund in der Größe der Förmchen ausstechen.

Butter schmelzen, Souffléförmchen damit auspinseln und mit je einem der Teigquadrate auslegen. Diese ebenfalls mit Butter bestreichen und das zweite große Studelblatt leicht versetzt darauf legen. Etwas von der Gemüsemasse einfüllen und mit einer der kleinen Teigplatten bedecken. So fortfahren bis die Fülle aufgebraucht ist. Mit einem Strudelblatt abschließen und überhängende Ecken leicht einschlagen. Mit der restlichen Butter bepinseln. Die Strudel bei 170 °C ca. 50 Minuten goldbraun backen.

Für die Kruste die Kürbiskerne fein hacken und mit geriebenem Hartkäse und Crème fraîche vermengen. Den heißen, gebackenen Strudel gleichmäßig damit bedecken und unter dem Grill oder bei Oberhitze auf der oberen Einschubleiste gratinieren. Darauf achten, dass nichts verbrennt. Also am besten dabeibleiben.

TOPFENSTRUDEL

1/2 Strudelteig (Grundrezept)
250 g Bröseltopfen 20%
2 Eier
250 g Sauerrahm
etwas zerlassene Butter
Salz

Den Bröseltopfen mit einer Gabel zerbröckeln und mit Salz abschmecken. Die Eier sehr schaumig schlagen, mit dem Sauerrahm verrühren und ebenfalls mit Salz abschmecken. Den Strudelteig hauchdünn auf einem faltenfreien Tuch zu einem Rechteck ausziehen. Da die Eiermasse recht flüssig ist, den Topfen in einer Art Rahmen auf ca. die Hälfte des Teiges verteilen und die flüssige Masse in den Rahmen geben. Den Strudel an den schmalen Seiten etwas einschlagen und anschließend mit Hilfe des Tuches längs aufrollen.
Mit etwas zerlassener Butter bestreichen und im vorgeheizten Backofen bei 180 °C ca. 25 - 35 Minuten goldbraun backen.

PARADEISERKRAUT

1/2 kleiner Weißkohl
1 mittelgroße rote Zwiebel
1/2 rote Paprika
4 EL Zucker
300 ml Paradeisersugo
Rapsöl
Hesperidenessig
Salz
Pfeffer

Die Zwiebel schälen, in Streifen schneiden und in etwas Öl anschwitzen. Den Zucker zugeben und leicht karamellisieren lassen. Den Weißkohl in dünne Streifen, die Paprika in Würfel schneiden und beides zu den Zwiebeln geben. Leicht anrösten, mit Salz und Pfeffer würzen und den Sugo zugeben. Auf kleiner Flamme ca. 30 Minuten einreduzieren und bis zur gewünschten Bissfestigkeit köcheln lassen. Gegebenenfalls noch Sugo nachschütten.
Mit Salz, Pfeffer und Hesperidensessig kräftig abschmecken.

KARPFENSTRUDELSACKERL MIT PAPRIKAKRAUT

Für die Füllung:
150 g Karpfenfilet ohne Haut
50 g geräucherter Aal
1/2 Knoblauchzehe
etwas Petersilie
1 mittelgroße Zwiebel
70 g Knödelbrot
100 ml Milch
1 Eiklar
Rapsöl
Zitronensaft
Majoran
Salz
Zucker
Pfeffer
Schnittlauch

1 Strudelteig (Grundrezept)
1 Eidotter

Karpfenfilet mit Salz und Zucker würzen und in heißem Öl von beiden Seiten anbraten. Es sollte innen gar, aber noch glasig sein. Anschließend in kleine Stücke zupfen. Knoblauch und Petersilie klein hacken und dazu geben. Die Haut vom Aal entfernen und das Fischfleisch in kleine Stücke zerrupfen.

Zwiebel in feine Würfel schneiden und in Öl andünsten. Mit Milch aufgießen, aufkochen und über das Knödelbrot gießen. Mit Salz, Pfeffer, Majoran und etwas Zitronensaft kräftig würzen, durchmischen und etwas abkühlen lassen.

Eiklar mit einer Prise Salz halbsteif schlagen, mit den Karpfen- und Aalstücken zur Semmelmasse geben und alles gut durchmischen.

Den Strudelteig ausziehen und in ca. 10 x 10 cm große Quadrate schneiden. Die Fischmasse mittig darauf geben, die Ränder mit Dotter bestreichen und vorsichtig zusammenfalten. Knapp über der Fülle etwas zusammendrücken, den Teig darüber aber locker aufblättern lassen.

Einige Stängel Schnittlauch kurz in heißem Wasser blanchieren und damit die Sackerl zubinden.
Auf ein mit Backpapier belegtes Blech setzen und im Ofen bei 200 °C ca. 15 - 20 Minuten backen.

PAPRIKAKRAUT

1 Zwiebel
250 ml Gemüsebrühe
50 ml trockener Weißwein
150 g Sauerkraut
1 - 2 rote Paprikaschoten
1 TL Paprikapulver
2 Frühlingszwiebeln
2 EL Butter
2 EL Apfelmus
Zucker
Salz

Die Zwiebel würfeln, in einen Topf geben, ein wenig Brühe angießen und darin weich dünsten, bis die Flüssigkeit fast komplett verdampft ist. Den Wein zugeben und auf die Hälfte einkochen.

Das Sauerkraut unter fließend kaltem Wasser abwaschen, ausdrücken und zum Zwiebelsud geben. Die restliche Brühe angießen und ca. 30 Minuten bei geringer Hitze schmoren.

Die Paprikaschoten mit einem Sparschäler schälen, in kleine Würfel schneiden und zum Kraut geben. Alles paprizieren, ordentlich untermengen und weitere 15 Minuten köcheln lassen.

Die Frühlingszwiebeln in schräge Ringe schneiden und zusammen mit Butter und Apfelmus am Ende der Garzeit unter das Paprikakraut rühren. Mit Salz und Zucker abschmecken.

BLUNZEN-APFEL-STANGERL

Für die Füllung:
1 Blunzenring (ca. 300 g)
1 Apfel (Braeburn)
1 handvoll Rucola
Kren im Glas (oder frisch gerieben)
1 Zitrone, Saft und etwas Abrieb
100 g Crème fraîche
Salz
Zucker

1 Strudelteig (Grundrezept)
1 Ei

Die Blunzen schälen und fein würfeln. Den Apfel ebenfalls schälen, in kleine Würfel schneiden und mit etwas Zitronensaft marinieren. Den Rucola klein hacken und mit Blunzen, Apfel, Crème fraîche, Zitronenzesten und Kren, je nach gewünschter Schärfe, vermischen. Mit Salz und wenig Zucker abschmecken.
In einen Spritzbeutel mit ca. 10 - 15 mm großer Öffnung füllen.

Den Strudelteig dünn ausziehen, auf ein Tuch oder eine bemehlte glatte Oberfläche legen und in Streifen von ca. 6 x 10 cm schneiden. Die Masse mit dem Spritzbeutel entlang einer der Längsseiten auf die Teigstücke auftragen. Ein Ei verkleppern und auf die jeweils andere Längsseite etwas davon pinseln. Die Schmalseiten ein wenig einschlagen, die Ministrudel aufrollen und gut verkleben.

Die Stangerl mit der Nahtseite nach unten auf ein mit Backpapier belegtes Blech geben, mit dem restlichen Ei bestreichen und bei 180 °C ca. 10 - 15 Minuten goldbraun backen.

TIPP:

STATT RUCOLA KANN MAN AUCH VERSCHIEDENE ARTEN VON KRESSE VERWENDEN.

TIPP:

DIE STANGERL ZUM DIPPEN MIT UNSEREM SAUERRAHMDIP SERVIEREN.

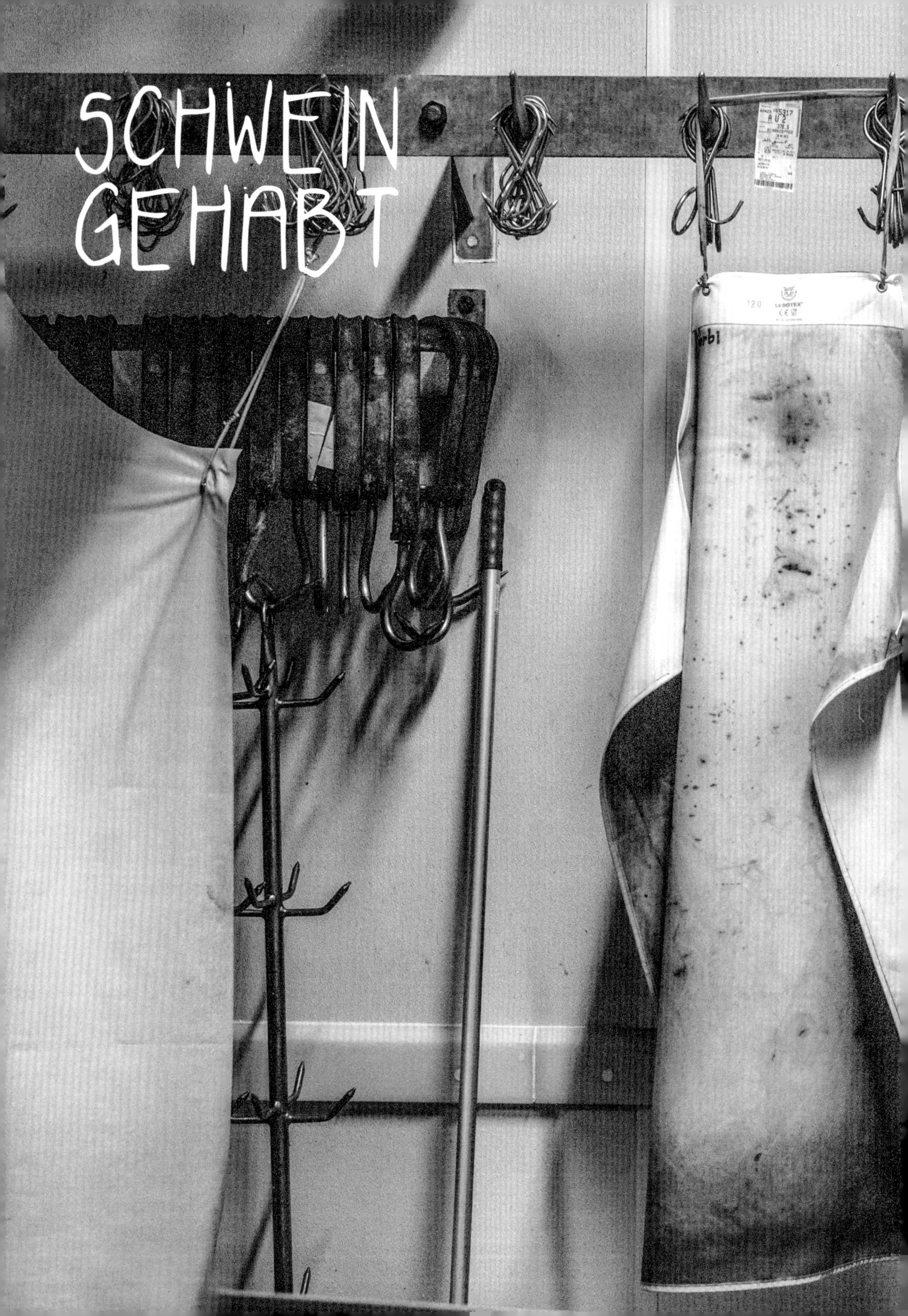
SCHWEIN
GEHABT

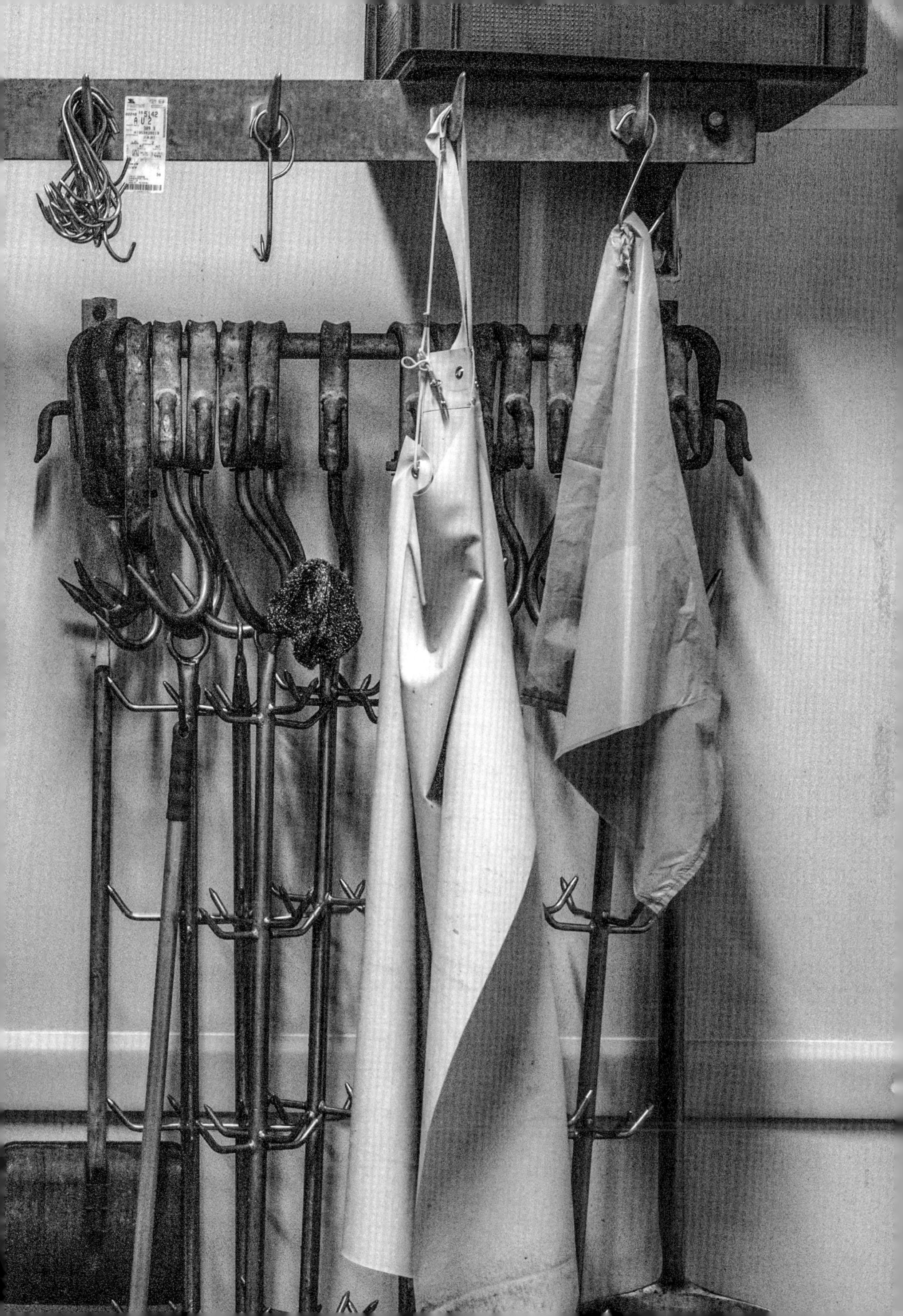

SCHWEIN GEHABT

Karlo, der eigentlich Martin heißt, den hier aber alle nur ‚den Karlo' nennen, ist Metzger. Genauso wie sein Vater und davor sein Großvater, der den Familienbetrieb 1948 gründete. Inzwischen stellen 16 Mitarbeiter Woche für Woche 100 verschiedene Wurst-, Fleisch -und Speckwaren her. Der Laden brummt. Logisch, gibt es hier doch auch keine x-beliebige Wurst, sondern welche vom Mangalitzaschwein. Das hat es dem Karlo nämlich angetan.

Mit einem schwärmerischen Gesichtsausdruck erzählt er uns, wie er seinen ersten Braten vom Mangalitzaschwein gegessen hat. „Wie früher hat das geschmeckt."

Beinahe wäre diese aus Ungarn stammende Schweinerasse dem Wahn nach magerem und dazu noch billigem Fleisch zum Opfer gefallen. Ende der 70er Jahre war sie in Europa fast ausgestorben.

Zum Glück hat das Mangalitzaschwein, nicht nur im übertragenen Sinn, ein verdammt dickes Fell. Dem schlechten Geschmack der Verbraucher trotzend, suhlten sich fröhlich die letzten verbleibenden 200 wolligen Vierbeiner irgendwo im Schlamm

und dösten einer ungewissen Zukunft entgegen. Bis eines Tages die Menschen wieder erkannten, dass fettfreies Fleisch auf Dauer ganz schön fade schmeckt.

Das hat dem Wollschwein, wie es auch genannt wird, das Leben gerettet oder besser dessen Fortbestand gesichert. Uns macht es um die Erfahrung reicher, dass Speck ganz wunderbar schmecken kann.

Lardo – nennt Karlo ihn. Italienisch für Speck. Er bereitet ihn auf die gleiche Weise zu, wie die Metzger in dem kleinen toskanischen Ort Colonnata. Dort war Lardo früher Kraftnahrung für die Männer, die tagein tagaus in den Marmorsteinbrüchen Knochenarbeit leisteten.
Die Steinbrucharbeiter wurden inzwischen von Maschinen abgelöst, der Speck hingegen wird immer noch auf die traditionelle Art und Weise zubereitet: mit Salz eingerieben und Gewürzen bedeckt, reift er mehrere Monate übereinandergeschichtet und beschwert in Trögen aus Marmor.
Ganz ähnlich macht es Karlo. Der Speck wird gesalzen und gewürzt, dann aber vakuumiert. So ist er in vier bis fünf Wochen fertig und steht dem Lardo di Colonnata in nichts nach.

Das ist natürlich nicht die einzige Schweinerei, die hier mit viel Liebe und Sorgfalt hergestellt wird. Karlo nimmt uns mit ins Allerheiligste! Der Geruch, der uns entgegenströmt, ist so betörend, dass selbst Obelix hier seine Leidenschaft für wilde gegen die für wollige Schweinchen eingetauscht hätte. Wurst an Wurst hängt hier nebeneinander, mal geräuchert, mal luftgetrocknet und nicht nur vom Schwein.

Es gibt nämlich noch ein anderes Tier, das typisch für diese Region ist: das Graue Ungarische Steppenrind.
Auch diese Rasse war fast ausgestorben. Früher als Zugtier und Fleischlieferant geschätzt, kamen die prachtvollen drahtigen Tiere mit den eleganten Hörnern irgendwann aus der Mode. Dabei ist ihr Fleisch viel intensiver im Geschmack, als das anderer Rinderrassen, was daran liegt, dass sie langsamer wachsen. Klasse statt Masse eben.
Nach wie vor gibt es aber nicht viele dieser Rinder. Etwa 500 weiden heute im Nationalpark Neusiedler See. Um den Herdenbestand zu sichern, dürfen nur wenige von ihnen geschlachtet werden. Würstel, luftgetrockneten Schinken und sogar Frischfleisch auf Bestellung gibt es bei Karlo.

Auch für uns hat er noch ein Stück da, obwohl es schon verdammt spät ist und der Laden gleich schließt. „Nochmal Schwein gehabt“, sagt er und grinst. „Wir seh‘n uns.“ Hoffentlich! Aber wir gehen jetzt erst einmal kochen.

KARLO
GENUSS
REGION
ÖSTEREICH

KILIA

Graues
eppen
Kind

TRILOGIE VOM GRAUEN UNGARISCHEN STEPPENRIND

Das Fleisch vom Grauen Ungarischen Steppenrind hat einen wunderbaren Eigengeschmack. Deshalb haben wir uns bei der Zubereitung bewusst dafür entschieden, es roh zu verwenden und zwar in Form von Carpaccio und Carne Cruda. Beides Klassiker der Italienischen Küche, denen wir eine Vinaigrette und Mayonnaise mit an die Seite gegeben haben.

Die dritte Variante, die Involtini, stammt ebenfalls aus Italien. Sie sind im Nu zubereitet und können, je nach Vorliebe, mit verschiedensten Ingredenzien gefüllt werden.

Ergänzt werden alle Rezepte durch regionale Zutaten.

Uno, Due, Tre - Italien goes Burgenland!

CARPACCIO VOM STEPPENRIND

300 g Filet vom Steppenrind
Mayonnaise oder Vinaigrette
Parmesan
Salz
Pfeffer

Das Filet parieren und in dünne Scheiben schneiden. Diese mit der flachen Messerklinge noch zusätzlich dünner streichen.

Mit einem Pinsel oder Löffel auf dem Teller dünn Mayonnaise oder Vinaigrette verteilen und die Fleischscheiben darauf anrichten. Salzen, pfeffern und Parmesan darüber hobeln.

TIPP:

JE BESSER DAS FLEISCH GEKÜHLT IST, DESTO LEICHTER LASSEN SICH DÜNNE SCHEIBEN SCHNEIDEN.

TIPP:

DIE FLEISCHABSCHNITTE NICHT WEGWERFEN, SONDERN ALS GESCHMACKSGEBER MIT IN DEN RINDERFOND GEBEN. SIE KÖNNEN AUCH TIEFGEFROREN UND SPÄTER ENTSPRECHEND VERWENDET WERDEN.

VINAIGRETTE

Kaltgepresstes Traubenkernöl ist sehr aufwendig herzustellen und dementsprechend teuer. Es ist hellgrün und schmeckt leicht nussig. Wir haben es verwendet, weil es ein Teil der Burgenländischen Kochkultur ist und einige der dort ansässigen Winzer dieses Öl produzieren.

Auch Verjus wird im Burgendland zum Kochen verwendet und ebenfalls dort hergestellt. Der Saft, der beim Auspressen unreifer Trauben entsteht, ist deutlich milder als Essig. Ersatzweise kann z.B. auch Weißweinessig in den Rezepten verwenden werden. Gespritzt mit Mineralwasser ist Verjus auch ein hervorragender Durstlöscher.

4 EL Traubenkernöl
2 EL Verjus
1 TL Senf
Zitronensaft
Salz
Zucker
Pfeffer

Öl, Verjus und Senf mit einem Schneebesen kräftig verrühren und mit Salz, Zucker, Pfeffer und Zitronensaft abschmecken.

MAYONNAISE

1 Eigelb
1 TL Senf
Verjus
200 ml Rapsöl
Zitronensaft
Salz
Zucker
Pfeffer

Das Eigelb zusammen mit 1 Prise Salz und Zucker, Senf und 1 EL Verjus in einen schmalen hohen Mixbecher geben. Mit einem Mixstab aufmixen. Dann in einem dünnen Strahl das Öl peu à peu zugeben und den Mixstab langsam nach oben ziehen, so dass das Öl langsam eingerührt wird und die Masse emulgiert.
Wahrscheinlich wird nicht das ganze Öl benötigt, wenn die Konsistenz vorher schon passt.

Sollte die Mayonnaise zu dick werden, noch ein wenig Verjus hinzufügen. Sollte sie immer noch zu dick sein, mit Brühe oder Apfelsaft (sollte beides ebenfalls Zimmertemperatur haben) weiterarbeiten, damit es nicht zu sauer wird.

Mit Salz, Zucker, Pfeffer und ein paar Tropfen Zitronensaft abschmecken.

TIPP:

MIT KLEINGEHACKTEM KNOBLAUCH, CHILI, KRÄUTERN ODER GERIEBENEM PARMESAN KANN MAN DIE MAYONNAISE WEITER PIMPEN.

TIPP:

WICHTIG BEI DER ZUBEREITUNG VON MAYONNAISE IST, DASS ALLE ZUTATEN DIE GLEICHE TEMPERATUR HABEN. AM BESTEN BEREITS ALLES SCHON EINE STUNDE VORHER BEREIT STELLEN. SIE HÄLT SICH VERSCHLOSSEN UND GUT GEKÜHLT AUCH EIN ODER ZWEI TAGE IM KÜHLSCHRANK.

Notos

CARNE CRUDA VOM STEPPENRIND

300 g Filet vom Steppenrind
Vinaigrette
Zitronenabrieb
Parmesan
Salz
Zucker
Pfeffer

Das Fleisch so fein wie möglich würfeln. Etwas von der Vinaigrette untermengen, so dass es schön glänzt. Mit Parmesan, Zitronenabrieb, Salz, Zucker und Pfeffer abschmecken. Als Nocken abstechen oder mit Hilfe eines Servierringes auf dem Teller anrichten.

TIPP:

KAPERN, FEIN GEHACKTE SCHALOTTEN ODER ETWAS SENF NACH GESCHMACK DAZUGEBEN.

SAUER EINGELEGTE GÄNSEBLÜMCHEN

Im Burgenland werden anstelle von Kapern auch sauer eingelegte Gänseblümchen verwendet. Diese kann man im Frühjahr ganz einfach selbst herstellen.

2 Tassen frisch gesammelte Gänseblümchenblütenknospen
1/2 TL Salz
125 ml Weißweinessig
1/2 TL Senfkörner
1 Lorbeerblatt

Die Knospen mit dem Salz vermengen und 4 Stunden ziehen lassen – ab und zu durchmengen. Essig aufkochen, Lorbeerblatt und Senfkörner hinzufügen. Blüten in ein Schraubglas füllen und mit dem siedenden Essig übergießen. Einige Tage ziehen lassen.

INVOLTINI VOM STEPPENRIND

4 dünne Scheiben Filet vom Steppenrind
4 Scheiben Rohschinken vom Mangalitza-
schwein
Schmalz vom Mangalitzaschwein
1 handvoll frischer Majoran
125 ml Furmint
250 ml Rinderfond (Grundrezept)
Salz
Pfeffer

Das Fleisch zwischen zwei Scheiben Frischhaltefolie legen und vorsichtig flach klopfen (ca. 3 mm). Beidseitig leicht salzen und pfeffern und mit jeweils einer Scheibe Schinken belegen. Majoranblättchen abzupfen, fein hacken und auf das Fleisch streuen. Zusammenrollen und mit einem Zahnstocher fixieren.

Etwas Schweineschmalz erhitzen und die Involtini scharf von allen Seiten anbraten. Mit Wein und Fond ablöschen, aufkochen, ca. 15 Minuten schmoren lassen und aus dem Topf nehmen. Die Soße noch etwas einkochen lassen und mit Salz und Pfeffer abschmecken.

Die Involtini schräg halbieren, mit etwas Soße anrichten und einfach gutes Baguette dazu reichen.

RINDERFOND - GRUNDREZEPT

Den Fond anzusetzen, war eine unserer ersten Handlungen und er und das Fleisch haben uns für viele Rezepte gute Dienste geleistet. Getreu dem Motto ‚Die Axt im Haus ersetzt den Zimmermann', ist ein Fond im Kühlschrank fast ein Allheilmittel.

1 1/2 kg Kalbsknochen
1 1/2 kg Ochsenschwanz vom Steppenrind
500 g Schulterscherzl
1 1/2 l trockener Riesling
2 große Gemüsezwiebeln
2 Möhren
1 Petersilienwurzel
3 Stangen Staudensellerie
1 Stange Lauch
1 Kohlrabi
2 Knoblauchzehen
2 große Paradeiser
3 Lorbeerblätter
1 TL schwarze Pfefferkörner
1/2 Bund Petersilie
6 Zweige Thymian

Die Zwiebeln ungeschält waschen, und quer halbieren. Mit den Schnittflächen nach unten in einen Topf geben, der groß genug für die gesamten Zutaten ist (ca. 8 l Inhalt) und darin ohne Fett dunkelbraun anbraten. Herausnehmen und mit ein wenig Wasser die Schmorrückstände am Boden lösen und im Topf belassen.
Kalbsknochen und Ochsenschwanzstücke in den Topf geben und mit Wein und reichlich kaltem Wasser aufgießen. Wenn später noch Scherzl und Gemüse hinzukommen, sollten auch diese noch mit Flüssigkeit bedeckt sein. Eventuell dann noch etwas auffüllen.
Das Wasser langsam zum kochen bringen und dann sanft weiterblubbern lassen. Über den gesamten Kochprozess hinweg ab und zu den entstehenden Schaum abschöpfen, damit die Brühe nicht trüb wird.
Alle Gemüse grob zerschneiden und zusammen mit dem Scherzl, den angerösteten Zwiebeln, dem Lorbeer und den Pfefferkörnern nach gut 2 Stunden Kochzeit ebenfalls in den Topf geben. Alles sollte gut mit Wasser bedeckt sein und leicht simmern. Nach weiteren 1 1/2 Stunden die Kräuter hinzufügen und noch so lange (ca. 30 – 60 Minuten) weiterköcheln, bis der Ochsenschwanz weich ist und sich leicht vom Knochen löst.
Das Fleisch und die Knochen aus der Brühe nehmen. Das Fleisch anderweitig verarbeiten und über die Knochen freut sich Zorro oder jeder andere Wauzi. Die Flüssigkeit mit dem Gemüse durch ein feines Sieb gießen, gut ausdrücken und anschließend eventuell noch durch ein Tuch seihen, um mögliche Trübstoffe zu entfernen.

TIPP:

FOND WIRD OHNE SALZ GEKOCHT, DA ER ALS GRUNDLAGE FÜR VIELE GERICHTE DIENT UND OFT NOCH EINGEKOCHT WIRD. ER KANN NOCH HEISS IN SCHRAUBGLÄSER EINGEWECKT ODER PORTIONSWEISE EINGEFROREN WERDEN.

RINDSSUPPE

250 - 300 ml Rinderfond pro Person (Grundrezept)
1 Leberknödel pro Person (Grundrezept)
1 Topfennockerl pro Person (Grundrezept)
Salz
Pfeffer
Zucker
Schnittlauch

Den Fond kurz aufkochen eventuell noch ein wenig einreduzieren, um den Geschmack zu intensivieren. Dann erst mit Salz, Pfeffer und Zucker abschmecken. Auf kleinste Stufe herunterschalten, um die Nockerln darin eventuell nochmal 3 - 4 Minuten warm ziehen zu lassen (Auf keinen Fall mehr kochen!). Leberknödel und Nockerl in vorgewärmte Teller geben und Brühe angießen. Mit kleingeschnittenem Schnittlauch bestreuen.

LEBERKNÖDEL

1 EL fein gehackte Zwiebelwürfel
Butter
2 Scheiben Toastbrot (oder 3/4 Semmel)
30 g durchwachsener Speck
100 g Rinds- oder Kalbsleber
25 g Semmelbrösel
1 Ei
1 EL glatte Petersilie gehackt
1 EL Majoran
Salz
Pfeffer
1 Prise Muskat

Zum Panieren:
Mehl
1 Ei
100 g Semmelbrösel

1 l Pflanzenöl zum Ausbacken

Zwiebel in Butter goldgelb anschwitzen und abkühlen lassen. Brot in Wasser einweichen und ausdrücken. Leber und Speck fein schneiden und mit Zwiebel und Brot faschieren. Die Masse mit allen restlichen Zutaten vermengen und im Kühlschrank für 30 Minuten ruhen lassen. Mit nassen Handflächen 8 kleine Knödel (4 cm Durchmesser) formen, mit Mehl bestäuben, dann in verquirltem Ei wenden und anschließend in Semmelbrösel wälzen. Die Knödel in heißem Öl schwimmend für ca. 3 - 4 Minuten ausbacken.

TIPP:

WENN DIE LEBERKNÖDEL SCHON EHER VORBEREITET WURDEN, KANN MAN SIE HALBIEREN, EINE WEILE IN BUTTERSCHMALZ BEI MITTLERER HITZE AUF DER SCHNITTFLÄCHE ANBRATEN UND DANN IN DIE SUPPE GEBEN.

TIPP:

DIE LEBERKNÖDEL KÖNNEN BIS ZUM SERVIEREN BEI 50 - 60 °C IM OFEN GUT WARM GEHALTEN WERDEN.

SÜLZE VOM STEPPENRIND

ca. 4 - 5 Stücke gegarter Ochsenschwanz vom Steppenrind (200 g Fleisch)
2 Schalotten
je 1 rote, gelbe, orange Paprika
2 Feldgurken (oder 1/2 entkernte Salatgurke
20 Cocktailparadeiser
200 ml Rinderfond (Grundrezept)
150 ml Muskat Ottonel Spätlese
150 ml weißer Balsamico
6 Blatt Gelatine
Salz
Zucker
Rapsöl

Das Fleisch des Ochsenschwanzes noch heiß nach dem Garen auslösen und in maximal 1 cm große Stücke schneiden. Die geschälten Schalotten fein sowie Paprika und Gurken klein würfeln. Die Paradeiser vierteln und die Petersilie klein hacken.
Rinderfond mit Wein und Essig in einem Topf erhitzen und mit Salz und Zucker kräftig abschmecken. Die Gemüsewürfel 1 Minute in der heißen Brühe blanchieren, abtropfen und die Petersilie daruntermischen. Topf mit der Flüssigkeit vom Herd nehmen und etwas abkühlen lassen. Die Gelatine einweichen, ausdrücken und im warmen Sud auflösen.
12 Silikonmuffinformen mit etwas Öl einpinseln, abwechselnd Gemüsemischung und Fleischwürfel einschichten und mit der Brühe auffüllen. Die Sülze im Kühlschrank über Nacht durchziehen und erstarren lassen.

TIPP:

DIE SÜLZE LÄSST SICH SEHR GUT EINIGE TAGE VORHER ZUBEREITEN.

TIPP:

WENN MAN SIE NICHT GLEICH AM NÄCHSTEN TAG SERVIERT, DANN AUCH DIE GEHACKTE PETERSILIE ZUSAMMEN MIT DEM GEMÜSE IN DIE HEISSE BRÜHE GEBEN.

HONIG-SENF-VINAIGRETTE

1 kleiner Kopfsalat
6 EL Traubenkernöl
2 EL Rotweinessig
1 TL Kirschblütenhonig
1/2 TL Dijon Senf
1 EL fein geschnittener Schnittlauch
Salz

Den Kopfsalat putzen und in mundgerechte Stücke zupfen. Öl, Essig, Honig und Senf mit einem Schneebesen aufschlagen. Mit Salz abschmecken und den Schnittlauch unterrühren. Den Salat mit dem Dressing mischen.

KRENSCHNITZEL ZWEIERLEI MIT ERDÄPFELSALAT

2 Kalbsschnitzel (je 150 g)
2 Scheiben Rinderlende vom Steppenrind (je 100 g)
150 g fein geriebener Kren
Salz
Pfeffer

Zum Panieren:
200 g Semmelbrösel
2 Eier
100 g Mehl (Wiener Griessler)

reichlich Butterschmalz
1 Zitrone

Eine Panierstraße mit Mehl, verkleppertem Ei und Bröseln herrichten.

Die Kalbsschnitzel und Rinderlenden zwischen zwei Scheiben Frischhaltefolie legen und gleichmäßig flach klopfen (ca. 4 - 6 mm). Beidseitig salzen und pfeffern. Je eine Seite leicht bemehlen, auf die andere erst Kren verteilen, dann mehlieren und etwas andrücken.
Alle Schnitzel anschließend durch das Ei ziehen und mit den Bröseln panieren, dabei aber nicht fest andrücken.

Soviel Butterschmalz (ca. 2 - 3 cm hoch) in einer tiefen Pfanne erhitzen, dass die Schnitzel schwimmend ausgebacken werden können. Zuerst die Rinderlende hinein geben. Sobald diese auf einer Seite goldgelb ist, wenden und die Kalbsschnitzel dazu geben. Knusprig ausbacken, dabei nach ca. 1 Minute wenden. Aus der Pfanne nehmen und auf Küchenkrepp kurz abtropfen lassen.

Die Zitrone längs achteln und je zwei Stücke auf ein Schnitzel legen.

TIPP VON METZGER KARLO:

DIE RÄNDER DER RINDERLENDE NACH DEM KLOPFEN ZART EINSCHNEIDEN, DAMIT SICH DAS SCHNITZEL WENIGER WELLT.

TIPP:

VON DEN ZITRONENSCHNITZEN AN DER SCHMALEN KANTE DIE WEISSE HAUT ABSCHNEIDEN, DAMIT SIE SICH BESSER AUSDRÜCKEN LASSEN.

ERDÄPFELSALAT BURGENLAND-STYLE

1 kg festkochende Erdäpfel
6 EL Hesperidenessig
1 Tasse Rinderfond
2 mittelgroße Zwiebeln
2 TL Zucker
Salz
Pfeffer
50 - 80 ml Traubenkernöl
Kürbiskernöl

Die Erdäpfel kochen, etwas abkühlen lassen und schälen. Durchkühlen lassen und in dünne Scheiben schneiden.

Zwiebeln fein würfeln und in wenig Rapsöl leicht andünsten, den Zucker zugeben und karamellisieren lassen. Rinderfond zugießen, vom Herd nehmen und mit Essig, Salz, Pfeffer und Zucker sehr kräftig abschmecken. Über die Erdäpfelscheiben gießen, leicht vermischen und mindestens eine halbe Stunde ziehen lassen.

Falls die Erdäpfel noch etwas Flüssigkeit vertragen, ein wenig gewürzten Rinderfond nachgießen. Nochmal abschmecken und das Traubenkernöl untermischen.

Kürbiskernöl separat dazu reichen und je nach Gusto über den Salat träufeln.

TIPP:

STATT WEIßER KÖNNEN AUCH ROTE ZWIEBELN VERWENDET WERDEN. DIESE DANN ALLERDINGS ROH UNTER DEN SALAT MISCHEN.

GULASCH VOM STEPPENRIND MIT SERVIETTENKNÖDEL

1 kg durchwachsenes Rindfleisch vom Steppenrind (Schulter oder Wade)
4 Zwiebeln
4 Karotten
1 Knoblauchzehe
2 EL Tomatenmark
1 Flasche kräftiger Rotwein
500 ml Rinderfond
400 g mehlig kochende Kartoffeln
1 rote Paprikaschote
1 gelbe Paprikaschote
Rapsöl
2 EL Paprikapulver
Salz
Zucker
Pfeffer
Mehl zum Bestäuben

Für die Würzmischung:
1 Knoblauchzehe
1 Zweig Majoran (oder 1 TL getrockneter)
1 Msp gemahlener Kümmel
1 Msp Pul Biber

Das Fleisch in etwa 4 cm große Stücke schneiden, mit Salz, Zucker und Pfeffer kräftig würzen und vermischen. Anschließend mit etwas Mehl bestäuben. In heißem Öl portionsweise rundherum scharf anbraten. Alles Fleisch wieder in den Topf geben, paprizieren und leicht anrösten.

Zwiebeln, Knoblauchzehe und Karotten schälen, in Würfel schneiden, dazugeben und ein paar Minuten mitbraten. Mit einem Schuss Rotwein ablöschen. Wenn die Flüssikeit einreduziert ist, das Tomatenmark zugeben und unter Rühren kurz anrösten. 500 ml Wein und den Fond zugießen und gut umrühren, damit sich möglicher Bodensatz ablöst.

Kartoffeln schälen, fein reiben und zum Fleisch geben. Aufkochen und abgedeckt bei kleinster Hitze 2 1/2 Stunden köcheln lassen.

Für die Würzmischung die Knoblauchzehe schälen und mit Blättchen von 1 Zweig Majoran, Kümmel und Pul Biber im Mörser zu einer Paste verarbeiten. Paprika würfeln und 20 Minuten vor Kochzeitende zusammen mit der Würzmischung zum Gulasch geben.

Je nach gewünschter Konsistenz noch etwas einkochen lassen und mit Salz, Zucker und Pfeffer final abschmecken.

BUTCHEREI
GRILL & BAR

SERVIETTENKNÖDEL

10 Scheiben Toastbrot oder 6 Semmeln vom Vortag
4 Eier
160 g Mehl (Wiener Griessler)
200 ml lauwarme Milch
Salz
Pfeffer
Muskat
1/2 Bund glatte Petersilie

Toast oder Semmeln in ca. 1 cm große Würfel schneiden.
Eier mit Mehl glatt rühren. Milch dazu geben und mit Salz, Pfeffer und Muskat abschmecken. Petersilie fein hacken und zusammen mit der Milchmasse über das Brot geben. Alles locker zusammenmischen. Die Knödelmasse etwas zusammendrücken, abdecken und ca. 30 Minuten durchziehen lassen.

Für jeden Knödel Frischhaltefolie ca. 30 - 40 cm breit auf die Arbeitsfläche legen. Je ein Viertel der Masse länglich darauf setzen. In die Folie einrollen. Dabei die Enden verdrehen, indem man diese festhält und die Rolle in jeweils eine Richtung über die Arbeitsfläche rollt. Der Knödel sollte einen Durchmesser von ca. 4 cm haben. Diese Rolle fest in Alufolie wickeln und ebenfalls die Enden gut zusammendrehen.

In reichlich siedendes Wasser geben und bei geringer Hitze 40 Minuten köcheln lassen. Knödel aus dem Wasser nehmen, die Alu- und Frischhaltefolie entfernen und in ca. 2 cm dicke Scheiben schneiden.

TIPP:

ÜBRIG GEBLIEBENE KNÖDEL KANN MAN IN DÜNNE SCHEIBEN SCHNEIDEN, IN BUTTER IN EINER PFANNE AUSBACKEN UND ALS CHIPS ZU EINER BROTZEIT ODER Z.B. DER RINDERBRÜHE MIT NOCKERL UND LEBERKNÖDEL REICHEN.

WALLERGULASCH MIT FISOLEN UND ERDÄPFELN

Für den Wallergulasch:
250 g Wallerfilet
1 Zwiebel
Rapsöl
1 EL Paprikapulver
50 ml Furmint
Salz
Zucker
Pul Biber

Für die Fisolen:
250 g Fisolen
2 EL Sauerrahm
1 EL Traubenkernöl
1 TL Meerrettich
1 Schuss Verjus
1 - 2 Zweige frisches Bohnenkraut
Salz
Zucker

Für die Erdäpfel:
3 mittelgroße Erdäpfel
1 EL Paprikapulver
Salz
Butterschmalz

Die Fisolen in mundgroße Stücke schneiden und in Salzwasser ca. 15 Minuten kochen. Etwas von dem Wasser aufheben und die Bohnen in Eiswasser abschrecken. Wenn sie kalt sind – abgießen. Sauerrahm mit Traubenkernöl, Meerrettich, Verjus, kleingehacktem Bohnenkraut, Salz und Zucker vermengen und unter die Fisolen mischen. Etwas durchziehen lassen.

Die Erdäpfel schälen, in Würfel von ca. 1 cm Kantenlänge schneiden und ca. 15 Minuten in kaltem Wasser einlegen. Abgießen und mit einem Tuch möglichst gut trocknen. In eine Schüssel geben, mit Salz und 1 EL Paprika würzen und gut durchmischen. In einer Pfanne Butterschmalz erhitzen und die Kartoffelwürfel zugeben. Sie sollten nicht übereinanderliegen. Auf mittlerer Flamme langsam rösten. Erst wenn sich eine knusprige Schicht unten an den Erdäpfeln gebildet hat, die Pfanne schwenken und von den anderen Seiten braten.

Die Zwiebel schälen, in Streifen schneiden und in heißem Rapsöl langsam anschwitzen bis sie glasig sind. Paprizieren, etwas weiter anschwitzen und anschließend mit dem Furmint ablöschen.
Das Wallerfilet in ca. 2 cm große Würfel schneiden und wenn der Wein eingekocht ist, zu den Zwiebeln geben. Kurz anbraten, mit etwas Bohnenwasser aufgießen und umrühren (Die Fischstücke sollten ca. halbhoch in Flüssigkeit liegen). Mit Salz (Achtung! Das Bohnenwasser ist bereits etwas salzig), Zucker und einer Prise Pul Biber würzen und einige Minuten bei offenem Deckel kochen. Der Fisch ist bereits nach wenigen Minuten gar und die Soße sollte etwas einreduziert sein.

WALLER MIT LARDO UND SPARGEL

Für den Waller:
100 g Wallerfilet
Salz
Pul Biber
Pflanzenöl

Für den Lardo:
1 - 2 Scheiben Lardo ca. 2 - 3 mm dick
1 Ei
etwas Mehl
Semmelbrösel

Für den Spargel:
3 Stangen weißer Spargel
1 EL Sauerrahm
Salz
Zucker

Vom Spargel eventuell holzige Enden abbrechen. Die Spargelspitzen ca. 5 cm lang abschneiden, den Rest in dünne sehr schräge Scheiben schneiden. Alles mit etwas Salz und Zucker marinieren, gut durchmischen und etwas ziehen lassen. Kurz vor dem Servieren die Spargelspitzen beiseite legen und noch ein wenig Sauerrahm unter die Spargelscheiben mischen.

Der Lardo sollte von der Fläche her so groß sein wie das Filet. Je nach Größe des Speckstückes entsprechend viele Scheiben abschneiden. Das Ei verkleppern. Den Lardo erst in Mehl, dieses etwas abklopfen, und dann in Ei und Bröseln wälzen. Der Speck ist normalerweise salzig genug, dass man keine weitere Würze an der Panade braucht. Anschließend in reichlich heißem Pflanzenöl von beiden Seiten goldbraun ausbacken.

Den Waller beidseitig salzen und in wenig heißem Öl auf einer Seite scharf anbraten, so lange bis er fast bis oben durchgegart ist. Die Hitze ausstellen, einmal kurz wenden und sofort auf dem Spargel und dem Lardo anrichten. Mit etwas Pul Biber würzen.
Die Spargelspitzen auf etwas Sauerrahm danebenstellen.

BLUNZENRÖSTI MIT SAIBLING

Für die Blunzenrösti:
200 g Blunzen
2 mittelgroße Kartoffeln
1 mittelgroße Zwiebel
Butterschmalz
Majoran
Salz
Pfeffer

250 g Saiblingsfilets mit Haut
Rapsöl
Zitronenabrieb

Die Zwiebel schälen, würfeln und in wenig Öl kurz glasig anschwitzen. Die Blunzen schälen und in kleine Würfel schneiden. Die Kartoffeln schälen, raspeln und zusammen mit den Zwiebeln zur Blunzen geben. Mit etwas Majoran, Salz und Pfeffer würzen und gut durchmischen. In einer beschichteten Pfanne soviel Butterschmalz erhitzen, dass der Boden gut bedeckt ist.

Aus der Kartoffelmasse kleine kompakte Knödel formen und diese in der Pfanne flach drücken. Bei mittlerer Hitze von beiden Seiten goldbraun anbraten.

Die Saiblingsfilets beidseitig salzen. In eine heiße Pfanne etwas Öl geben und die Filets mit der Hautseite nach unten relativ heiß anbraten. Wenn sie fast bis oben durchgegart sind, die Hitze abstellen, kurz wenden und sofort auf dem Blunzenrösti anrichten.

Abschließend mit Pfeffer und Zitronenabrieb bestreuen.

SWEET BEES

SWEET BEES

Nirgendwo in Österreich beginnt der Frühling so früh wie am Neusiedler See. Während anderswo noch Schnee liegt und die Tage kalt und neblig sind, strömt bereits warme Luft aus dem Süden in die Pannonische Tiefebene.

Mitte April strecken sich zarte Kirschblüten, erwacht aus ihrem Winterschlaf, der Sonne entgegen und tauchen die Gegend in einen duftenden, weißen Schleier. Zeitgleich verwandeln Adonisröschen, dunkelviolette Kuhschellen, Zwergschwertlilien, rosa und weißer Rittersporn und Traubenhyazinthen den Rasen an den Südhängen des Leithagebirges in ein buntes Blumenmeer.

Ein Paradies für Bienen mit mediterranem Klima, sauberem Seewasser und unberührter Natur. Die Kulturlandschaft Neusiedler See trägt nicht ohne Grund seit 2001 den Titel UNESCO Welterbe.

Wir wollten mehr über Bienen erfahren und haben uns mit Simon Tötschinger zu seiner Honig-Erlebnisführung verabredet. Simon ist Imker. Und er ist ein Typ, auf den nicht nur seine Bienen fliegen. 2010 nahm er an der Wahl des Mister Austria teil und nutzte das Forum, um auf die Bienen und seine Produkte aufmerksam zu machen. Beides mit Erfolg! Er erzielte nicht nur die gewünschte Aufmerksamkeit, sondern auch den zweiten Platz. Sex sells!
Und so beschreibt er auch seine Honigsorten als verführerisch und kräftig wie ein Macho oder als sanften, edlen Gentleman.

Zum Beruf des Imkers ist Simon über Umwege gekommen. Sein Antrieb war eher die Selbstständigkeit als Solche - weniger die Leidenschaft für das Metier. Aber er hat ein Händchen für sein Handwerk und Respekt vor seinen ‚Arbeitskollegen', wie er seine Bienen liebevoll nennt. Sie sind es, denen er seine Produkte zu verdanken hat und deshalb pflegt und umsorgt er sie. „Bienen sind hochempfindlich. Wenn es den Bienen gut geht, dann geht es auch der Natur gut. Dann ist sie gesund".

Wir sind auf dem Weg zu Simons Bienenstöcken. Es ist ein herrlich sonniger Tag, aber bitterkalt. „Für ein Kilogramm Honig muss die Biene etwa drei Kilo Nektar eintragen“, erklärt uns Simon. „Dafür muss sie zwischen 900.000 und 6 Millionen Blüten besuchen, hängt immer von der Art und Größe der Blüten ab. Bienen sind nicht bloß extrem fleißig, sie sind auch extrem gut organisiert.“

Es herrscht Arbeitsteilung im Bienenstock. Die Kundschafterinnen suchen nach neuen Nahrungsquellen und teilen ihren Sammlerkolleginnen mittels Schwänzeltanz mit, wohin sie fliegen müssen. Andere kümmern sich um den Nachwuchs, die Drohnen und die Königin. Außerdem muss der Bienenstock von Zeit zu Zeit durchgelüftet werden, damit es darin nicht zu heiß wird. Ein kleines empfindliches Ökosystem, dem leider Krankheiten sehr leicht zu schaffen machen können.

Gemeinsam mit etwa 15 anderen Wissensdurstigen trotzen wir dem eisigen Wind und sind doch froh, als es zum Ausgangspunkt der Exkursion zurückgeht. Zu Simons Arbeits-und Lagerplatz.
Dort dürfen wir endlich das flüssige Gold kosten, das, je nach Art der Blüten, verschiedene Ausprägungen von hell bis dunkel und von fest bis flüssig annimmt.

Den verführerischen Macho haben wir nicht aus dem Wildblütenhonig herausgeschmeckt, aber er schmeckt verdammt gut - cremig, würzig und fast ein bisschen kräutrig. Sicherlich ideal für Soßen oder Gerichte mit Wild und dunklem Fleisch und natürlich zu Schaf- und Ziegenkäse.
Der Kirschblütenhonig hingegen ist hellgelb, hat ein feines Aroma und eine milde Süße. Den können wir uns sehr gut in Salatdressings und Desserts vorstellen.

Am Ende ist es bei uns nicht dem Marketing geschuldet, dass diverse Gläser verschiedener Honigsorten den Besitzer wechseln.

SPICED HONEY APERO

175 g Akazienhonig
125 ml Wasser
1 Vanilleschote
1 kleine Zimtstange
5 weiße Pfefferkörner
3 Pimentkörner
1 Sternanis
Safran, einige Fäden
1 Zitrone
Rosé – Frizzante ‚Frizzo'

Die Vanilleschote längs aufschneiden und mit allen Zutaten, außer der Zitrone und dem Sekt, zum Kochen bringen.

Vom Herd nehmen und 10 Minuten ziehen lassen. Von der Zitrone einige breite Streifen der Schale (möglichst nichts von der weißen Haut) abschneiden, dazu geben und weitere 10 Minuten ziehen lassen. Nochmals kurz aufkochen und danach komplett auskühlen.

Etwas von dem Sirup in ein Sektglas geben und mit gekühltem Prosecco aufgießen.

TIPP:

WER ES STÄRKER MAG, KANN DEN SIRUP IN EINEM SHOTGLAS MIT EISKALTEM WODKA AUFGIESSEN.

RUSTER MESS

400 g Erdbeeren
1 1/2 EL Zucker
2 EL Cabernet Tresterbrand
300 ml Schlagobers
35 g Schokobaiser

Die Erdbeeren klein schneiden und mit Zucker und Tresterbrand mindestens 1 Stunde marinieren. Die Hälfte der Beeren mit einer Gabel zerdrücken und wieder zu den Stücken geben. Den Obers steif schlagen. Die Schokobaisers grob zerbröseln und zusammen mit den Erdbeeren schlierig unter die Sahne ziehen. In Gläser abfüllen und noch 30 Minuten kühl stellen und durchziehen lassen.

TIPP:

DIE ERDBEEREN Z.B. MIT KIRSCHBLÜTENHONIG STATT ZUCKER MARINIEREN.

SCHOKOBAISER

3 Eiklar
1 Prise Salz
120 g Zucker
1 EL Kakao

Die Eiklar mit Salz steif schlagen. Dann langsam den mit Kakao vermischten Zucker einrieseln lassen und solange weiterschlagen, bis sich der Zucker aufgelöst hat und die Masse schön glänzt. Mit Hilfe eines Spritzbeutels kleine Häufchen auf ein mit Backpapier belegtes Blech spritzen und diese bei ca. 60 °C Umluft langsam trocknen lassen. Sie sollten sich äußerlich fest anfühlen. Gegebenenfalls einfach eines probieren, ob es bereits bis innen durchgetrocknet ist. Je nach Größe der Baisers dauert dies eine oder mehrere Stunden.

TIPP:

ABGEKÜHLT HALTEN SICH DIE MERINGUES LUFTDICHT VERSCHLOSSEN VIELE WOCHEN.

MOHNEIS MIT KIRSCHRÖSTER

500 ml Milch
1 Tahiti-Vanilleschote
150 ml Obers
50 g Magermilchpulver
3 Eigelb
80 g Zucker
1 Prise Salz
40 g Glukosepulver
25 g geriebener Mohn
25 g Honig
weiße Kuvertüre

Die Milch aufkochen. Die Vanilleschote längs aufschneiden, auskratzen und Mark sowie Schote in die Milch geben. Alle anderen Zutaten, außer dem Honig und der Kuvertüre, ebenfalls hinzugeben und bei maximal 85 °C unter Rühren zur Rose abziehen.

Die Vanilleschote entfernen. Den Honig unterrühren und die Masse abkühlen lassen (ergibt ca. 800 ml). Im Kühlschrank 2 - 3 Stunden durchkühlen und anschließend in der Eismaschine weiterverarbeiten.

Kuvertüre über das Eis raspeln.

TIPP:

DIE VANILLESCHOTE KANN ABGESPÜLT UND GETROCKNET FÜR VANILLEZUCKER VERWENDET WERDEN. DAFÜR EINFACH IN ZUCKER EINLEGEN ODER IM MIXER PULVERISIEREN UND MIT ZUCKER VERMISCHEN.

KIRSCHRÖSTER

500 g Kirschen
65 ml Süßwein
75 g Zucker
1/2 Orange, Abrieb und Saft
1 Vanilleschote
1/2 Zimtstange
8 cl Kirschwassser

Die Kirschen entsteinen. Den Süßwein mit Zucker, Orangensaft und –schale zum kochen bringen. Die Vanilleschote längs aufschneiden, auskratzen und Mark und Schote hinzugeben. Kirschen und Zimtstange ebenfalls unterrühren und bei schwacher Hitze ca. 15 Minuten dünsten, bis die Kirschen beginnen zu zerfallen.

Etwa 1/3 der Masse pürieren und wieder zu den Kirschen geben. Noch einmal aufkochen lassen und weiter reduzieren. Vom Herd nehmen und das Kirschwasser unterrühren. Abkühlen lassen.

TIPP:

DER RÖSTER KANN HEIß IN TWIST-OFF GLÄSERN KONSERVIERT WERDEN. STATT DES SÜßWEINS KANN AUCH ROTWEIN VERWENDET WERDEN. DANN JEDOCH DIE ZUCKERMENGE AUF 125 G ERHÖHEN.

PASTA E BASTA

Fini's Feinstes
WEIZENMEHL
GRIFFIG

FETTUCCINE - GRUNDREZEPT

200 g Mehl
2 Eier
etwas Wasser nach Bedarf
Mehl zum Auswellen
Salz für das Kochwasser

Das Mehl mit den Eiern kräftig verkneten. Falls sich die Masse zu trocken anfühlt, immer nur wenig Wasser zugeben, bis man einen geschmeidigen glatten Teig erhält. Diesen in Frischhaltefolie packen und mindestens 1 Stunde im Kühlschrank ruhen lassen. Dadurch entspannt er und lässt sich leichter auswellen.

Den Teig halbieren und jedes Stück für sich mit genügend Mehl ca. 1 mm dick ausrollen. Diesen dann eckig zuschneiden, gut mit Mehl bestäuben, längs falten, wieder mit Mehl bestäuben, noch mal längs falten und anschließend mit einem Messer in ca. 5 - 7 mm breite Streifen schneiden. Diese locker ‚aufschütteln' und sicherstellen, dass genügend Mehl drumherum ist, damit sie nicht nachträglich wieder zusammenkleben.

Die Fettuccine entweder gut ausgebreitet trocknen lassen oder sofort in gut gesalzenes kochendes Wasser geben und ca. 5 - 8 Minuten al dente kochen.

Nudeln direkt aus dem Wasser heben und unter die Soße rühren.

TIPP:

AM BESTEN KOSTEN OB DAS KOCHWASSER WIRKLICH SALZIG SCHMECKT.

TIPP:

DIE ABSCHNITTE DES AUSGEROLLTEN TEIGES KANN MAN SEHR GUT FÜR DIE TARHONYA VERWENDEN.

TARHONYA - GRUNDREZEPT

Tarhonya wutzelt man am besten nebenbei beim Fernsehen oder wenn man mit Freunden auf der Terasse sitzt. Zweiteres (so sie denn motiviert sind) hat den Vorteil, dass es mit mehreren Leuten schneller geht. Es sei aber anzumerken, dass es doch eine ziemliche Arbeit ist und die Esser gut daran tun, jedem Bissen zu huldigen.
Tarhonya zupft man eigentlich aus Teigresten, die bei der Pastaherstellung übrig bleiben, man kann sie aber natürlich auch ‚from the scratch' zubereiten. In dem Fall....

(Ergibt ca. 140 g Trocken-Tarhonya)

100 g Mehl
1 Ei
etwas Wasser nach Bedarf

Aus Mehl und Ei einen Teig kneten. Eventuell noch ein paar Tropfen Wasser hinzugeben, damit er geschmeidig wird. Flach drücken in Frischhaltefolie wickeln und mind. 1 Stunde im Kühlschrank ruhen lassen.

Anschließend vom Teig winzigste Stücke zupfen und zu kleinen Perlen oder ‚Reiskörnern' wutzeln.

Diese auf einer bemehlten Unterlage ausbreiten und antrocknen lassen oder ein, zwei Tage komplett durchtrocknen, wenn sie später verwendet werden sollen.

In kochendes Salzwasser geben und 5 - 10 Minuten bissfest garen.

TIPP:

TARHONYA ALS SUPPENEINLAGE KÖNNEN DIREKT IN DER BRÜHE GEKOCHT WERDEN.

TIPP:

TARHONYA SIND EINE GUTE ALERNATIVE FÜR EIN RISOTTO. TARHONYOTTO SOZUSAGEN.

FETTUCCINE MIT LARDO-SAHNE-SAUCE

Allen Diätverliebten sei empfohlen direkt weiterzublättern. Wir sind hier aber zum Spaß und gerade deswegen der Meinung: Spaß macht, was schmeckt. Und das tut es!

1 Portion frische Fettuccine (Grundrezept)
40 g Lardo
80 ml Sahne
120 ml Milch
3 Zweige Rosmarin
2 Lorbeerblätter
Salz
Pfeffer

Den Lardo klein würfeln und bei mittlerer Hitze ca. 5 Minuten auslassen. Sahne, Milch, Rosmarin, Lorbeer zugeben und offen ca. 20 Minuten auf kleiner Flamme ziehen lassen. Rosmarin und Lorbeer entfernen und pürieren. Mit wenig Salz und Pfeffer abschmecken.

Die frische Pasta in Salzwasser 5 - 8 Minuten al dente kochen. Direkt aus dem Kochwasser heben und unter die Sauce rühren.

AUS DEM (HOLZ)OFEN

AUS DEM (HOLZ)OFEN

Lektion: Brotbacken im Holzofen mit Ursula Schandl. Dauer: 4 Tage

Backen im Holzofen stand ganz oben auf unserer To-Do-Liste. Das Ganze bedarf allerdings einer recht akribischen Planung bezüglich wann anzufeuern ist und der Dinge, die im Ofen zubereitet werden sollen. Aus diesem Grund trafen wir uns am Vorabend des Backtages noch zur Holzofen-Brotback-Vorbesprechung.

Bevor wir jedoch etwas besprachen, wurden erst einmal die Gläser gefüllt. Spaß bei der Arbeit ist schließlich essenziell.

Wir wollten nicht nur Brot, sondern auch Flammkuchen und Tarhonya, eine traditionelle ungarische Teigware, backen. Ursel erklärte uns, dass wir für die Flammkuchen am besten die erste Hitze nutzen, die für das Brot noch zu hoch wäre. Das kommt dann anschließend ins Rohr und die Restwärme soll unserem Tellergericht den letzten Schliff geben.

Der Brotteig musste ebenfalls noch vorbereitet werden. Einen fertigen Sauerteig hat Ursel immer im Kühlschrank. Ihn selber anzusetzen ist generell nicht schwer, es dauert aber drei Tage. Nimmt man sich einmal die Zeit, um ihn zum Leben zu erwecken, hat man bei guter Pflege dauerhaft welchen vorrätig.

Wir können uns diese Zeit zum Glück sparen und gehen direkt zur Zubereitung des Vorteiges über. Nebenbei lauschen wir gebannt Ursels Erzählungen.

Am Ende fehlen nur noch Mehl, Salz, Brotgewürze und ganz viel Muskelschmalz zum Kneten. Aber bis dahin haben wir ja noch eine ganze Nacht Zeit!

SAUERTEIGBROT
SAUERTEIG - GRUNDREZEPT

150 g Dinkelvollkornmehl
150 g Roggenvollkornmehl
150 g Weizenvollkornmehl
lauwarmes Wasser

TAG 1 morgens
150 g Dinkelmehl mit 150 g lauwarmem Wasser anrühren. Bei Raumtemperatur abgedeckt 1 Tag reifen lassen.

TAG 2 morgens
150 g Roggenvollkornmehl und 150 g lauwarmes Wasser zu dem Teig von Tag 1 rühren und bei Raumtemperatur abgedeckt einen weiteren Tag reifen lassen.

TAG 3 morgens
150 g Weizenvollkornmehl und 150 g lauwarmes Wasser zu dem Teig von Tag 2 rühren und bei Raumtemperatur abgedeckt noch weitere 12 Stunden reifen lassen.

Am Abend desselben Tages dann die eine Hälfte des so entstandenen Sauerteiges abnehmen und in einem Schraubglas für weitere Brotbacksessions aufbewahren. Dies ist nun ein lebender Sauerteig, der gut gepflegt, lange genutzt werden kann.

Die andere Hälfte wird für den Brotteig benötigt.

TIPP:

JEWEILS 2 TAGE VOR DEM BACKEN ERNEUT MIT 225 G ROGGENVOLLKORNMEHL UND 225 G WASSER ANFÜTTERN, EINEN HALBEN TAG BEI RAUMTEMPERATUR ABGEDECKT REIFEN LASSEN, HALBIEREN UND ENTSPRECHEND WEITERVERARBEITEN.

SAUERTEIGBROT
BROT - GRUNDREZEPT

Ein warmer Laib mit dunkelbrauner Kruste, die beim Aufschneiden ordentlich kracht und das saftige Innere schützt. Doch nicht vor uns, denn wir haben ein scharfes Messer, Butter und Salz. Mehr braucht es nicht! Ein ganz besonders ursprünglicher Geschmack kommt natürlich durch das Backen im selbstgemauerten Holzofen, der im Garten mit Blick auf den Neusiedler See wohlwollend auf alles Backwerk wartet, das man in seinen Schlund schiebt.
Zur Not kann man Brot aber auch im heimischen Backofen zubereiten. Auf jeden Fall aber nach Ursels Rezept:

TAG 4
300 g Dinkelvollkornmehl
300 g Weizenvollkornmehl
300 g Roggenvollkornmehl
20 g Salz
1 EL Brotgewürz
5 g Frischgerm
500 - 750 ml Wasser

Die Hälfte des Sauerteiges, den man am Ende von TAG 3 zur Verfügung hat, mit einem Drittel des für das Brotrezept benötigten Mehls verrühren (300 g) und abgedeckt einen weiteren Tag oder mindestens 12 Stunden reifen lassen.

Den am Vortag angesetzten Brotteig mit dem restlichen Mehl (600 g), den Gewürzen und dem in wenig warmem Wasser gelösten Germ vermengen. So viel handwarmes Wasser dazugeben, dass der Teig noch fest ist. Er muss straff, elastisch und zu einem Laib formbar sein. Eine Stunde abgedeckt stehenlassen. Anschließend rundwirken, also immer von außen zur Mitte zu falten und den Teig dabei drehen. Dadurch wird er straff und auf der unteren Seite glatt. Die obere, unschönere Seite heißt Schluss. Mit dem Schluss nach oben wird das geformte Teigstück in den gut bemehlten Gärkorb gegeben. Abgedeckt bei etwa 24 °C eine weitere Stunde gehen lassen.

Auf ein mit Backpapier ausgelegtes Blech stürzen. Leicht mit Wasser besprenkeln und in den auf 250 °C vorgeheizten Ofen schieben. Noch schnell eine Tasse Wasser auf den Ofenboden schütten und sofort die Tür schließen. Nach 20 Minuten die Hitze auf 200 °C reduzieren und weitere 40 Minuten backen.

SCHANDL

FLAMMKUCHEN-GRUNDREZEPT

200 g Mehl
2 EL Öl
Salz
125 ml Wasser

Alle Zutaten zu einem Teig verkneten. Das Wasser nicht komplett auf einmal zugeben, sondern nur soviel, dass der Teig glatt ist, nicht zu feucht und sich gut auswellen lässt. Teig vierteln und auf bemehlter Oberfläche dünn ausrollen. Mit Toppings belegen.

TIPP:

ALTERNATIV KANN MAN AUCH DEN SAUERBROTTEIG DÜNN AUSROLLEN UND HERZHAFT BELEGEN.

LARDO TRAUBE ZWIEBEL

50 g Schaffrischkäse
5 EL Obers
Salz
Pfeffer
Lardo, hauchdünn geschnitten
Trauben weiß, halbiert
Frühlingszwiebel, in Ringe geschnitten

Frischkäse mit Obers glatt rühren und mit Salz und Pfeffer leicht (Der Lardo ist ebenfalls salzig!) abschmecken. Den Teig dünn mit der Creme bestreichen und nicht zu dick mit Lardo, Trauben und Frühlingszwiebel belegen. Bei 250 °C ein paar Minuten goldbraun backen.

KRAUT OCHSENSCHWANZ RÄSSKÄS

50 g Schaffrischkäse
5 EL Obers
Salz
Pfeffer
Paprikakraut
abgezupftes Ochsenschwanzfleisch
Rässkäs

Frischkäse mit Obers glatt rühren und mit Salz und Pfeffer leicht (Der Rässkäs ist ebenfalls würzig!) abschmecken. Den Teig dünn mit der Creme bestreichen und nicht zu dick mit Kraut, Fleisch und Rässkäs belegen. Bei 250 °C ein paar Minuten goldbraun backen.

KIRSCHE / MARILLE / HASELNUSS

3 EL Schafjoghurt
1/2 TL Kirschblütenhonig
Kirschen
Marillen
Zimt
geröstete Haselnüsse

Den Joghurt mit dem Honig leicht süß abschmecken. Dünn auf den Teig streichen und mit halbierten Kirschen sowie kleingeschnittenen Marillen belegen. Mit etwas Zimt bestäuben und mit grob gehackten Haselnüssen bestreuen. Bei 250 °C ein paar Minuten goldbraun backen.

TARHONYA MIT OCHSENSCHWANZ UND RÄSSKÄS

Das Rezept ist ein kleines Leftover-Highlight. Die Tarhonya, die von den Teigresten gewutzelt wurden, das Ochsenschwanzfleisch, das für die gute Brühe gesorgt hat und die Restwärme des Holzofens. Nur der Käse ist neu. Na nicht ganz neu: er ist zumindest lange gereift und eine österreichische Perle, die wir hier entdeckt haben.

140 g getrocknete Tarhonya (Grundrezept)
1 EL Butter
1 mittelgroße Zwiebel
50 ml Muskat Ottonel
100 ml Rinderfond
80 ml Wasser
50 g Rässkäse
80 g gegartes Ochsenschwanzfleisch
1/2 TL Pul Biber
Salz

Butter in einer Pfanne erhitzen. Die Zwiebel würfeln und farblos darin anschwitzen. Getrocknete Tarhonya hinzugeben, kurz anrösten, mit dem Weißwein ablöschen und einreduzieren lassen. Mit etwas heißer Rinderbrühe und Wasser immer wieder aufgießen, umrühren und einköcheln lassen, bis die Tarhonya bissfest sind. Vom Herd nehmen und abkühlen lassen.

Den Käse grob reiben. Das Ochsenschwanzfleisch grob zerzupfen und beides zusammen mit Pul Biber und etwas Salz (Vorsicht! Der Rässkäs ist bereits sehr würzig.) unter die Tarhonya mischen. In eine feuerfeste Form geben und entweder bei 180 °C im Backofen ca. 15 Minuten oder im Holzofen (z.B. nachdem das Brot gebacken wurde) goldgelb überbacken.

Microplane
BLADES MADE IN USA

BAGUETTE

Dieses Baguette ist frei, sehr frei, sehr sehr frei nach dem Rezept von Julia Child gemacht. Ganz so viel Aufwand haben wir zwar nicht betrieben, zumal in Ermangelung von Zahnspachtel, Rasierklinge und antiker Giftspritze. Was wir aber getan haben ist, die Teigkarte quer durch den Raum zu werfen, kneten und ruhen lassen, was das Zeug hält (3 Tage) und die Backofentür mit viel Schwung auf- und zuzuschmeißen während man 20 Minuten lang Schwallwässern betreibt. Hat offenbar alles was geholfen, denn die sind richtig gut geworden.

Allen, die sich jetzt fragen, wovon wir hier sprechen, sei dieser Link empfohlen: https://www.youtube.com/watch?v=9iH3hjDUhWw

BAGUETTE - GRUNDREZEPT

1 Würfel Germ
80 ml lauwarmes Wasser
500 g Mehl
2 1/2 TL Salz
285 ml Wasser

Den Germ in lauwarmem Wasser auflösen. Mit Mehl, Salz und dem restlichen Wasser mischen, verkneten und abgedeckt über Nacht im Kühlschrank gehen lassen.

Morgens den Teig etwas flach drücken, zweimal übereinander falten und wieder abgedeckt in den Kühlschrank stellen. Abends dieses Prozedere wiederholen.

Am dritten Tag den Teig in 3 Teile abstechen, diese jeweils etwas flach klopfen, längs aufrollen, noch einmal flach drücken, längs mittig mit der Handkante eine Vertiefung in den Fladen drücken und einmal zusammenfalten. Anschließend mit den Händen von der Mitte nach außen eine Baguettestange ausrollen, welche sich an den Enden verjüngt.

Teiglinge noch einmal abgedeckt bei Zimmertemperatur auf die dreifache Größe aufgehen lassen.

Backblech bemehlen oder mit Backpapier auslegen und Teiglinge mit der jetzt weicheren Unterseite nach oben darauf geben. Mit Mehl bestäuben und mit einem scharfen Messer dreimal lang, fast parallel zur Längsseite, einritzen. Mit Wasser besprenkeln und in den auf 200 °C vorgeheizten Backofen auf die untere Schiene schieben.

Nach jeweils 2, 4 und 6 Minuten noch einmal mit Wasser besprenkeln und beim letzten Mal das Blech auf die mittlere Schiene umsiedeln.
Insgesamt ca. 30 Minuten goldbraun backen. 5 Minuten vor Backende den Ofen ausschalten und nur noch darin ziehen lassen.

BRUSCHETTA VARIATIONEN

LARDO
HONIG
HASELNUSS

Baguette
Lardo vom Mangalitzaschwein
Kirschblütenhonig
ganze Haselnüsse
weißer Pfeffer

Die ungeschälten Haselnüsse auf einem Blech verteilen und bei 120 °C ca. 15 - 20 Minuten im Ofen rösten. Sie sollten angenehm duften. Noch heiß in ein Geschirrtuch geben und ordentlich aneinanderreiben, damit sich die Schalen weitestgehend lösen. Anschließend mit einem Messer grob hacken.

Baguettescheiben im Ofen leicht anrösten. Lardo in hauchdünne Scheiben schneiden. Den Lardo auf das noch lauwarme Brot legen, mit etwas Honig bestreichen, mit Pfeffer würzen und einigen Nüssen betreuen.

BRUSCHETTA VARIATIONEN
RÄUCHERLACHS KREN KÜRBISKERN

Für das Kren-Kürbiskern-Pesto:
100 g geriebener Kren
2 Knoblauchzehen
75 g grob gehackte Petersilie
40 g geröstete Kürbiskerne
45 g geriebener Rässkäs
150 ml Kürbiskernöl
Salz
Pfeffer

Baguette
Räucherlachs

Kren, Knoblauch, Petersilie, Kürbiskerne und Käse mit 3/4 des Öls zu einer glatten Paste aufmixen. Restliches Öl unterrühren und mit Salz und Pfeffer abschmecken.

Angeröstete Brotscheiben mit etwas Pesto bestreichen und mit Räucherlachs belegen.

TIPP:

DAS KREN-KÜRBISKERN-PESTO KANN AUCH ZUM CARPACCIO GEGESSEN WERDEN ODER Z.B. ZU KALTEM BRATEN.

BRUSCHETTA VARIATIONEN

LARDO PARADEISER BASILIKUM

Baguette
Lardo vom Mangalitzaschwein
Kirschparadeiser
Knoblauch
Basilikum
Olivenöl
Salz
Zucker
Pfeffer

Die Kirschparadeiser vierteln und mit wenig Salz (Der Lardo ist ebenfalls salzig.) und Zucker marinieren. Einige Blätter Basilikum grob schneiden und untermischen.

Baguettescheiben mit Olivenöl beträufeln, im Ofen kurz anrösten und anschließend mit einer Knoblauchzehe abreiben. Den Lardo in hauchdünne Scheiben schneiden und auf das noch warme Brot legen. Paradeisermischung darauf geben und mit frischem Pfeffer würzen.

KIRSCHSTREICHWURST

300 g Streichwurst (feine Leberwurst)
200 g Kirschen
3 Frühlingszwiebeln
Rapsöl
50 ml Ruster Ausbruch
etwas Kirschmarmelade
Majoran
Pul Biber
Salz

Kirschen entkernen und achteln. Frühlingszwiebeln in feine Ringe schneiden und in heißem Öl anschwitzen. Mit dem Süßwein ablöschen und etwas einreduzieren lassen. Streichwurst mit einer Gabel zerdrücken. Kirschen, Zwiebelsud und Marmelade vorsichtig untermengen und mit den Gewürzen abschmecken.

CREME BRULEE MIT KIRSCHSTREICHWURST

250 g Kirschstreichwurst (Rezept)
50 ml kräftige Fleischbrühe
50 g Crème fraîche
50 ml Schlagobers
Apfelessig
Majoran
Chili
Salz
4 Eidotter
einige Kirschen
Staubzucker

Die Brühe aufkochen und mit der Crème fraîche und dem Obers verrühren. Lauwarm abkühlen, mit der Streichwurst vermengen und mit Essig und den Gewürzen abschmecken. Anschließend die Dotter mit einem Schneebesen gut einrühren.
Die Masse durch ein feines Sieb in Timbale- oder Soufflé-Förmchen etwa halbhoch gießen und je ein oder zwei Kirschen hineingeben.

Den Ofen auf 90 °C vorheizen, ein tiefes Backblech mit heißem Wasser füllen und die Formen einstellen. Die Crème 40 Minuten stocken und danach auskühlen lassen.
Großzügig Staubzucker auf die Cremes sieben und mit einem Bunsenbrenner abflämmen.

TIPP:

DIESE CRÈME BRULÉE IST EINE PIKANTE VERSION DES BELIEBTEN NACHTISCHES UND KANN Z.B. ALS AUFSTRICH ZU FRISCHEM BROT GEREICHT WERDEN.

WALLER-AUFSTRICH

250 - 300 g kalt geräuchertes Wallerfilet
2 EL Crème fraîche
1/2 rote Zwiebel
1 Bund Dill
Pfeffer
Salz
1 Zitrone, Abrieb und Saft

Das Fischfilet in eine Schüssel geben und mit einer Gabel zerdrücken. Die Zwiebel und den Dill fein hacken und zusammen mit der Créme fraîche unter den Fisch mengen. Mit Salz, Pfeffer, Zitronenabrieb und -saft abschmecken.

WALLER-CEVICHE

80 g Wallerfilet
1/2 kleine rote Zwiebel
7 weiße Weintrauben
3 EL Verjus
Traubenkernöl
Salz
Zucker
roter Kampottpfeffer

Den Fisch in hauchdünne Scheiben und die Zwiebel in feine Streifen schneiden. Beides zusammen mit dem Verjus und jeweils 1 - 2 Prisen Salz und Zucker mischen. Die Marinade sollte tendenziell ein wenig salzig schmecken. Ca. eine halbe Stunde kühl stellen und durchziehen lassen bis der Fisch durch die Säure komplett ‚gegart' und weiß ist. Ab und zu umrühren.

Wenn sich zuviel Flüssigkeit gebildet hat, ruhig einen Teil davon abgießen. Anschließend die Trauben vierteln und mit etwas Traubenkernöl und Kampottpfeffer zum Waller geben. Noch einmal mit Salz und Zucker abschmecken und servieren.

TIPP:

DIESES GERICHT IST HERRLICH LEICHT, SEHR WANDELBAR UND RATZFATZ ZUBEREITET. STATT DER TRAUBEN KANN MAN ANDERES OBST ODER GEMÜSE (Z.B. APFEL, PFIRSICH, PAPRIKA, PARADEISER) WÜRFELN UND DAZU GEBEN.

TIPP:

ZUR CEVICHE PASSEN SEHR GUT FRISCHES BROT, RÖSTKARTOFFELN ODER EIN GRÜNER SALAT.

ZUCKERSTRIEZEL

Lektion: Striezelbacken mit Ursula Schandl. Dauer: 2 - 3 Tage.
Ja, die Zubereitung zieht sich ein wenig, aber es lohnt sich in jedem Fall, dem Teig die Zeit zu gönnen, die er braucht. Gegessen ist er dann allerdings in null Komma nix. Best Striezel ever!

15 g Germ
60 g Zucker
145 g Milch
425 g Universalmehl
8 g Salz
40 g zimmerwarme Butter
Rosinen nach Geschmack
1 Ei

Für das Mehlkochstück:
25 g Universalmehl
125 g Milch

Für das Finish:
1 Ei
Hagelzucker

Am Vortag für das Mehlkochstück Mehl und Milch bis zum Eindicken unter Rühren erhitzen. Zugedeckt mindestens 3 Stunden, am besten aber über Nacht, kühl lagern.

Germ mit dem Zucker in lauwarmer Milch auflösen, zusammen mit Mehl und Salz zum Mehlkochstück geben und in der Küchenmaschine zu einem festen Teig verkneten. Als Letztes die Butter stückweise zugeben. Die Rosinen mit den Händen nur leicht in den Teig einarbeiten. Er sollte fest, elastisch, glatt und straff sein.
Den Teig 1 Stunde im abgeschalteten Ofen mit aufgedrehtem Licht gehen lassen, bis er sich verdoppelt hat.

Auf eine unbemehlte Arbeitsfläche geben, dritteln oder vierteln und gleich lange Stränge formen. Diese zu einem Zopf flechten, auf ein Backpapier setzen und mit verquirltem Ei bestreichen. Abgedeckt im Kühlschrank bei 8 - 10 °C 12 Stunden ruhen lassen.

Am nächsten Tag den Striezel aus dem Kühlschrank holen, mit einem weiteren verquirlten Ei bestreichen und mit Hagelzucker bestreuen.

30 Minuten bei 24 °C akklimatisieren lassen und dann im vorgeheizten Ofen 30 Minuten bei 180 °C goldbraun backen.

TIPP:

UND FALLS MAN DEN STRIEZEL BEI FREUNDEN BACKEN WILL, KANN MAN DAS KOCHSTÜCK GUT VERPACKT AUCH GERN MITNEHMEN. WURDE VON UNS BEREITS ERFOLGREICH GETESTET.

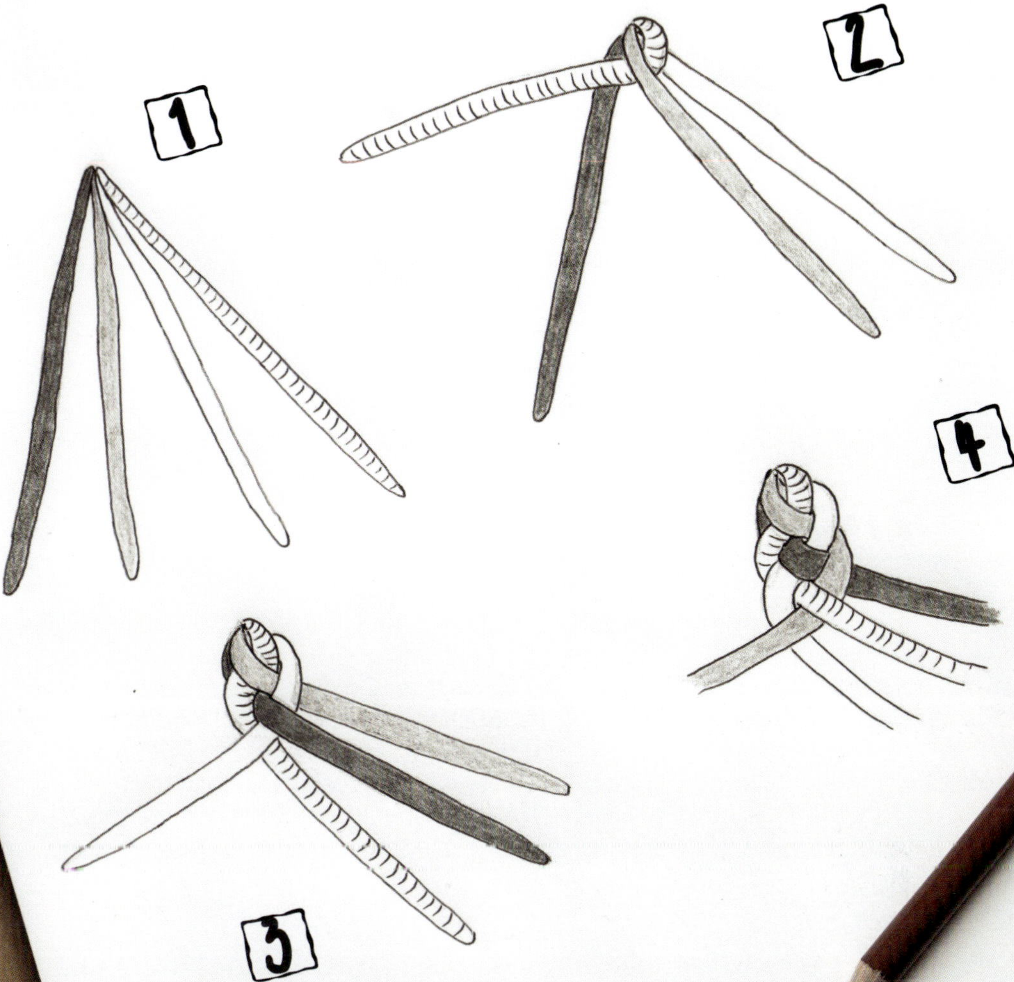

STRIEZELFALTANLEITUNG:

1. VIER GLEICH LANGE STRÄNGE AM OBEREN ENDE LEICHT ZUSAMMENDRÜCKEN. IMMER MIT DEM RECHTEN STRANG ARBEITEN.
2. DEN RECHTEN ÄUßEREN STRANG (GESTREIFT) NACH LINKS LEGEN. DABEI ÜBER DEN WEIßEN, UNTER DEN GRAUEN UND ÜBER DEN SCHWARZEN STRANG FÜHREN.
3. DEN JETZT AUßEN LIEGENDEN STRANG (WEIß) NACH LINKS FÜHREN: ÜBER GRAU, UNTER SCHWARZ, ÜBER GESTREIFT.
4. NUN DEN GRAUEN STRANG NACH LINKS FÜHREN USW.

AM ENDE DIE STRÄNGE WIEDER ZUSAMMENDRUCKEN UND AN BEIDEN ENDEN DES STRIEZELS LEICHT NACH UNTEN UMSCHLAGEN.

IM WEINGARTEN

IM WEINGARTEN

Wenn wir schon eine Weinbauregion heimsuchen, dann steht als Pflichttermin der Besuch im Weingarten ganz oben an. Und Norbert nimmt uns mit in seinen. Bevor wir starten, drückt er uns stolz einen tennisballgroßen beigefarbenen Stein in die Hand. „Hier! Das ist der Teil einer Jakobsmuschel. Ich zeig euch, wo ich die gefunden habe“. Ab ins Auto und los geht's.

Der Himmel ist strahlend blau, die Wiesen saftig grün und die Kirschbäume blühen. Postkartenidylle im Burgenland. Ein Tag, wie er schöner nicht sein könnte für unsere kleine önologische Exkursion. Was man anderswo Weinberg nennt, bezeichnen sie hier als Weingarten. Warum, erklärt sich uns auf der Fahrt dorthin. Die Gegend ist relativ flach mit nur sanften Hügeln und keinen Steillagen wie beispielsweise an der Mosel.
Die Böden der Pannonischen Tiefebene bestehen aus Lehm, Schiefer und Kalk. Das Anbaugebiet rund um den Neusiedler See, an dem auch Rust liegt, war vor 15 Millionen Jahren noch ‚Pannonisches Urmeer', welches bis heute immer wieder Fossilien freigibt.

15 Weißwein- und rund 10 Rotweinsorten werden hier im Burgenland angebaut. Eine Vielfalt, die einzigartig ist auf der Welt. „Das ist gleichzeitig aber auch eine Krux“, gibt Norbert zu bedenken. „Das kann man schlecht bewerben. Keiner glaubt einem, dass man alles kann!“

Es ist noch früh im Jahr und die Reben beginnen erst auszutreiben. „Das ist Welschriesling“, werden wir aufgeklärt, „meine Hauptsorte und typisch für die Gegend. Sonst hab ich noch Weissburgunder, Chardonnay, Muskat Ottonel und bei Rot hauptsächlich Baufränkisch. Dann noch ein bisschen Pinot Noir und Cabernet Sauvignon. Demnächst will ich auch eine kleine Menge Furmint anbauen. Ist zwar ein schwieriger Wein, aber typisch für die

Gegend. Zusammen mit Muskateller war das früher die klassische Zusammensetzung des Ruster Ausbruchs“.

Der Ruster Ausbruch ist der berühmteste Wein der Gegend mit einer unglaublichen Erfolgsgeschichte, die vor etwa 500 Jahren begann und zwar im Grunde genommen mit einer Panne.

„Durch das pannonische Klima, also die neblige Feuchte des Neusiedler Sees, faulten immer wieder Teile der Trauben“, erzählt Norbert. „Sie schrumpelten und sahen aus wie verschimmelte Rosinen. Warum die Menschen aus Rust damals daraus Wein gemacht haben, weiß keiner so genau. Die Leute in den Nachbarorten haben gelästert und uns für dumm erklärt“. Dass es alles andere als dumm war, stellte sich ziemlich bald heraus. Der Saft aus diesen kleinen unansehnlichen Trauben ist glasklar und manchmal so fruchtzuckerlastig, dass er nicht mal mehr zu gären beginnt, sondern mit vergorenem verschnitten werden muss. In seinen Anfangszeiten war er, da es außer Honig noch kein anderes Süßungsmittel gab, so wertvoll, dass er nur in Apotheken verkauft wurde. Den Begriff ‚Ausbruch‘ prägten die Winzer, weil meist nur ein Teil der Beeren von Edelfäule befallen ist und man diese Nester entsprechend ausbrechen muss.

Wer schon einmal einer Handlese beigewohnt hat, weiß, welche Arbeit das ist. „Noch dazu werden die Trauben nicht jedes Jahr von Botrytis befallen. Damit es soweit kommt, müssen die Trauben reif sein und einen bestimmten Zuckergehalt aufweisen. An warmen Tagen mit entsprechender Feuchtigkeit bildet sich der Schimmelpilz besonders gut aus und perforiert mit seinen Enzymen die Beerenhaut. Sie beginnen auszutrocknen und durch den Befall verändert sich auch der Geschmack des Saftes. Künstlich kann man das nicht erzeugen." Entsprechend stolz ist Norbert auf sein flüssiges Gold.

Nur vier Regionen weltweit weisen dieses besondere Mikroklima auf, welches einzigartige Natursüßweine entstehen lässt. Neben dem Neusiedler See sind das noch die Region Tokaj in Ungarn, der deutsche Rheingau und die Flächen um die Gemeinde Sauterne in Frankreich.

Schon bald sprach sich herum, wie gut dieser Ausbruch schmeckt und Rust verdiente sich an dem wertvollen Botrytiswein eine goldene Nase. Für 60.000 Gulden in Gold und 28.000 Liter Ruster Ausbruch konnte sich die kleine Gemeinde letztendlich das Stadtrecht teuer erkaufen. 1861 erhob Kaiser Leopold I. den Markt Rust zur Freistadt und bis heute ist Rust der kleinste Verwaltungsbezirk Österreichs.

Der Ausbruch hat Rust reich und die Gegend berühmt gemacht. Noch heute profitieren die Winzer hier von der Experimentierfreudigkeit ihrer Vorfahren. Doch auch sie lassen sich nicht lumpen und kel-

tern aus den Trauben neben dem Ausbruch hervorragenden Spätlesen, Auslesen, Beerenauslesen, Trockenbeerenauslesen oder seltenen Eiswein.

Dennoch beträgt der Anteil der Prädikats- oder Süßweine, die ausschließlich rund um den Neusiedler See produziert werden, nur etwa fünf Prozent der österreichischen Gesamtproduktion.

Mittlerweile bevorzugen die Verbraucher eher leichte Weine, was die Sonderstellung des Ruster Ausbruchs ins Hintertreffen geraten ließ. Und so sind die süßen Schätze eher zum Dessert des Weinmenüs avanciert.

Apropos… Wir sollten dringend von der Theorie zur Praxis übergehen….

KELLEREI NBLICKE

KELLEREI NBLICKE

„Was wollt's trinken?“ Diese Frage hat man uns während unserer Zeit in Rust mehrmals täglich gestellt. Und „Wasser“ wäre definitiv die falsche Antwort gewesen.

Hier trinkt man Wein, täglich, selbstverständlich. Nicht in Mengen, sondern zum Genuss. Die Menschen hier leben vom und mit dem Wein. Er ist Teil ihrer Geschichte, Teil des Alltags und auch des Alltäglichen.

Wir hatten das ganz große Glück viel über die hiesigen Weine zu erfahren. Zum einen durch den theoretischen wie praktischen Unterricht bei Norbert auf dem Gut. Aber wir durften auch anderen Winzern über die Schulter und in die Keller schauen.

So bei den Schandls. Dem Weingut von Ursels Mann Peter, das inzwischen Sohn Paul und dessen Frau Elle übernommen haben.
Fast täglich saßen wir im wunderschönen Innenhof des Weinguts – auf ein Schwätzchen und ein Glas.

Seit 1741 existiert der Betrieb. Eine lange Tradition, die Paul versucht zu bewahren. Dabei setzt er auf die Kraft des Terroirs, mit deren Hilfe er ausdrucksstarke Jahrgangsweine machen will. Das Sortiment ist, wie bei allen Winzern der Region, geprägt von der Vielfalt der Rebsorten. Abseits der Klassiker bleibt aber auch Raum für Experimente.

2002 hat Paul einen ganz besonderen Wein gemacht, den er seinem Vater gewidmet hat: ‚A Tribute to Peter' hat er ihn genannt und nur 300 Flaschen gibt es davon. 60 - 70 % Cabernet, der Rest Merlot und Blaufränkisch. Nach zwei Jahren im Barrique wurde er 2004 abgefüllt.

Die Trauben für diesen Wein sind handselektiert. Jede einzelne ist vollausgereift, ohne Stängelreste. Ein Wein aus perfekten Beeren.

Verständlicher- wie auch bedauerlicherweise konnten wir ‚A Tribute to Peter' nicht probieren. Aber zum Glück hatten wir ja schon so viele andere von Pauls Weinen trinken dürfen, sowohl in Ursels Küche als auch im Buschenschank Schandl bei Barbara.

FEILER-ARTINGER
RUST AM SEE

Dort begann auch die Geschichte unseres Besuchs im Weingut Feiler-Artinger. Gleich am ersten Abend trafen wir in der Schänke Katrin Feiler oder Kati, wie sie hier alle nennen.

Sie war von unserem Projekt so begeistert, dass sie uns mehrfach in unserem ‚Kochlabor' besuchte und uns in ihr Weingut, eines der schönsten barocken Bürgerhäuser der Stadt, einlud.

Katis Mann Kurt und dessen Vater Hans führen derzeit den Betrieb. Sie bewirtschaften 30 Hektar Rebfläche, 65 % der Weingärten sind mit Rotwein bepflanzt, hauptsächlich Blaufränkisch und Zweigelt.

Kollwentz
Steinzeiler
1993
VULCANO
WEINGUT HANS IGLER
Laurel Glen
OPUS EXIMIUM
CUVEE No 6
1993
Gesellmann
GRAND VIN

Die Vielfalt bei den weißen Rebsorten ist regionaltypisch größer. Acht sind es insgesamt, neben Chardonnay, Weissburgunder und Welschriesling wachsen hier auch Traminer, Neuburger, Gelber Muskateller, Muskat Ottonel und Ruländer.

Unser Weg führte uns zunächst in den imposanten Keller. Modernste Technik hat in den Gewölben aus dem 15. Jahrhundert Einzug gehalten. Das Gut ist eines der renommiertesten Weingüter Österreichs, weltberühmt für seine Süßweine. Aber auch ausgezeichnete Rotweine und trockene Weiße werden hier vinifiziert.

Die berüchtigte ‚Ruster Trilogie', wie wir lernen durften.

Durchgefroren und voll mit Informationen endete unser einstündiger Rundgang durchs Gut im Verkostungsraum.

Vielmehr wurde er dort bin in die Nacht hinein fortgesetzt! Mit allerlei Wein und etwas, das besser hätte gar nicht dazu passen können: Katis legendären Grammelpogatscherln.

GRAMMELPOGATSCHERL

Diesen Snack hat uns Kati gebacken. Den kann man auch gut gebrauchen, wenn man sich durch Ihren Weinkeller probiert. Sonst wird es schwer, bis zum Ende durchzuhalten. Kati kam zu unserer Runde, wie die Jungfrau zum Kinde. Im Buschenschank ineinander gerumpelt, von unserem Vorhaben erzählt, angefixt, mitgemacht. Liebenswürdigerweise hat sie den Teig für uns schon vorbereitet und nur noch live der Endverarbeitung zugeführt. Danke!

150 g Sauerrahm
1/8 l Weißwein
50 g Zucker
1 Würfel Germ
600 g Grammeln (faschiert oder sehr fein gehackt)
80 g Schmalz (oder Grammelschmalz)
300 ml warme Milch
950 g Mehl
etwas Salz

Für das Finish:
1 Eidotter
grobes Salz
Kümmel

Alle Zutaten zu einem Teig verkneten. Teig etwas ausrollen und dreimal aufeinanderfalten. Im Kühlschrank ca. 1 Stunde rasten lassen.

1 1/2 cm dick ausrollen, 3 - 4 cm runde Kreise ausstechen und auf ein mit Backpapier ausgelegtes Backblech legen. Mit Eidotter bestreichen und mit grobem Salz und Kümmel bestreuen. Bei 180 °C ca. 20 - 25 Minuten backen.

Johann Schwarz gilt als einer der besten österreichischen Weinmacher. Eigentlich ist er aber gelernter Metzgermeister - oder Fleischhauer, wie das in Österreich heißt. Zum Wein kam Hans, wie ihn hier alle nennen, eher zufällig.
Sein Nachbar war der legendäre burgenländische Winzer Alois Kracher. Der entdeckte und förderte Hans' Talent und aus der Leidenschaft wurden schnell Berufung und Beruf. Auf seinem Gut in Andau vinifiziert er inzwischen Trauben von 12 Hektar Rebfläche. Längst sind seine Weine Kult - und das nicht nur in Österreich.
Bei unserem Besuch ist Hans Schwarz noch etwas angeschlagen. „Ich war gestern beim Sautanz in der Wachau", sagt er und rollt die Augen. „Ich trink heut nix, aber ihr dürft probieren". Und auf geht's in den Weinkeller.

Dort finden sich überwiegend Rotweine: klassische österreichische Sorten wie Blaufränkisch und Zweigelt, aber auch welche, die ihren Ursprung andernorts haben, wie der Pinot Noir zum Beispiel. „Blauburgunder heißt das hier bei uns, in Deutschland Spätburgunder. Das ist ein wunderbarer Wein, der hat Frucht, Finesse und Komplexität.

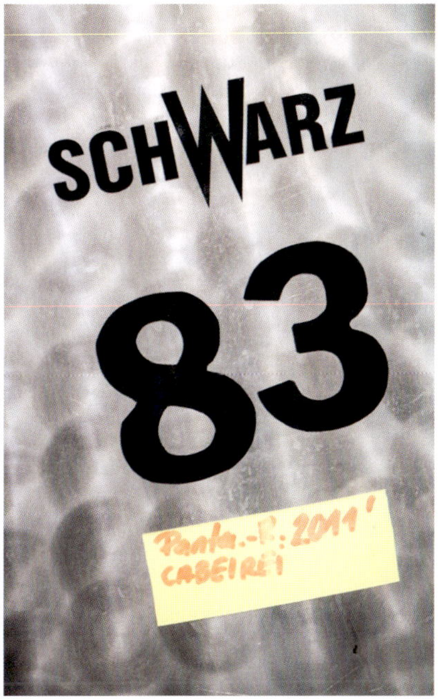

Unsere hier aus Österreich sind im Vergleich zu den Franzosen früher trinkbar, entfalten sich schneller, aber müssen dafür halt auch zügiger konsumiert werden, aber dagegen ist ja nix zu sagen“. Er lacht. „Genuss, das ist bei Wein eh das Wichtigste!“ Wir schlendern von Fass zu Fass. So schnell, wie Hans Schwarz uns ein ums andere Glas füllt, leeren wir es wieder. Wir kommen in Schwung und er wieder ins Erzählen.
Eines seiner interessantesten Projekte sei die Weinreihe mit dem Namen ‚Panta Rhei‘ – ‚Alles fließt‘. Ein Zitat des griechischen Philosophen Heraklit. „Alles fließt deshalb“, erklärt er, “weil der Geschmack dieser Weine durch das Zusammenfließen unterschiedlicher Elemente entsteht: von der Hitze der Sonne und der Kühle des Waldes, der warmen Luft der Ebene des Sees und den mineralischen Böden“. In der Weinfachsprache bezeichnet man diese Standortfaktoren als Terroir.

Angebaut werden die Weine rund um Eisenstadt im nördlichen Burgenland am Fuße des Leithagebirges. „Da wachsen Trauben, in denen der Stoff für wahrhaft große Weine schlummert“, sagt Hans Schwarz nicht ohne Stolz.

Und weiter geht die önologische Entdeckungsreise zum Fass mit Cabernet Franc. Natürlich müssen wir auch den probieren.

„Einen Wein zu 100 Prozent aus Cabernet Franc, das gibt’s nicht oft. Normalerweise verwendet man diese Rebsorte für Cuvées. Das mache ich auch. Bei meinem ‚Caberhei’ nehme ich 40 Prozent Merlot, der gibt dem Wein den Körper, 40 Prozent Cabernet Sauvignon, der sorgt für die Säure und macht den Wein schlank und noch 20 Prozent Cabernet Franc. Der ist zuständig für die Würze. Reinsortig ist das ein ziemlich ungewöhnlicher Wein, schwierig manchmal, nicht so gefällig, aber das hat was, ich mag ungewöhnliche Weine“.

Hans Schwarz‘ Leidenschaft für Ungewöhnliches schlägt sich auch in den Namen seiner Weine nieder. Jean Noir, A Lita Schwoaz Rot und Weiß oder Kumaroad (für Piefkes: Kamerad!) heißen sie. Oder schlicht ‚Schwarz Rot‘. Sein erster Wein, der auf Anhieb ein Riesenerfolg wurde. „Da hatte ich auch professionelle Unterstützung, den Alois Kracher. Ohne den wär ich übrigens nie zum Wein gekommen. Und von Manfred, Manfred Krankl, aus Kalifornien.“

Zum ‚Schwarz Rot‘ haben sich inzwischen längst ein ‚Schwarz Weiss‘ und zwei Strohweine gesellt: ‚Schwarz Schwarz‘ und ‚Schwarz Gold‘. Für Strohweine werden die Trauben nach der Lese zunächst auf Strohmatten getrocknet und danach erst gepresst. Das erhöht den Zuckergehalt und macht die Weine, meist mit einem

Alkoholgehalt von 14 % oder mehr, lange lagerfähig. „Ist nicht jedermanns Sache, aber es gehört hier im Burgenland einfach dazu. Unsere Strohweine sind auch etwas leichter, die haben einen geringeren Alkoholgehalt. Beim Jahrgang 2013 hatten der Muskat Ottonel 9,5 % und der Zweigelt nur 8 %".

Inzwischen sind fast 2 Stunden vergangen. Wir sind voll mit Informationen und – um ehrlich zu sein – auch nicht mehr ganz nüchtern.

Aber die Führung ist noch nicht vorbei. Hans will uns nämlich unbedingt noch etwas zeigen. Seine neuste Weinserie ‚The Butcher'. Ein Wein, der so vor Kraft strotzt - genau wie sein Macher. Tiefes Granatrot, duftiges Bukett nach reifen Himbeeren, roten Pflaumen und Hagebutten, eine feine Pfeffernote und Nelke. Auf dem Etikett ein Schwein im Fleischhauergewand.*

„Passt doch, oder?", fragt er grinsend und fügt hinzu: „Ich weiß nicht, wie's euch geht, aber ich habe jetzt Hunger". 30 Minuten später stehen wir in der Fleischerei Preiner in Apetlon, genießen eine burgenländische Schlachtplatte und diskutieren mit den Herren des Ortes die vorschriftsmäßige Zubereitung (Backen oder Dämpfen) von Topfenstrudel. Besser kann's gar nicht passen!

*Wir haben den ‚The Butcher Blaufränkisch' probiert. Die Reihe umfasst noch einen Pinot und eine Cuvée aus Merlot, Cabernet Sauvignon und Cabernet Franc.

ANNO
SCHNEE
Schüler-Ausweiskarte
Nr. 303
für Haberhauer Dieter
wohnhaft Linz, Herrenstrasse 48
Schule: B. Real Gym.
Klasse: 4. c

23. I. 1948.
9. Kochtag.
Falsche Hirnsuppe, Kartoffelpuffer
Kartoffelpuffer: 2–3 kg Kart. 1 Ei
einige Löffel Milch, 12 dkg Fett zum Backen.
Zub.: rohen Kart. werden geschält
mischt man dazu. Die Puffer werden
gebacken.
30. Jän
10. Kochtag.
Kartoffelgolasch, Topfenkolatsch

BOHNENSTERZ MIT GURKENSALAT UND ERDÄPFELRAHMSUPPE

Bohlne, die, -, n; Sterz, der; -es, -e

Der Bohnensterz. Der heilige Gral des Burgenlandes. So erschien es uns zumindest. Als Elsa uns zusagte, den Sterz für uns zu machen, kamen Oh's und Ah's von verschiedensten Seiten, immer im Zusammenhang mit der Aussage „Ja, das hat damals immer meine (wahlweise) Mutter/Tante/Oma gemacht, aber ich kann das nicht. Das ist kompliziert. Da müssen die Temperaturen der Zutaten stimmen usw." Na hoppala. So kompliziert kann es doch nicht sein, a uroide Moispaisn zuzubereiten.

Elsa hat uns alles Schritt für Schritt erklärt und es sah voll einfach aus. Tut's ja immer, bei einem, der sein Handwerk beherrscht.

BOHNENSTERZ

500 g weiße Bohnen aus der Dose oder
100 - 120 g Trockenbohnen
400 g Mehl
2 TL Salz
120 - 150 g Schweineschmalz oder Rapsöl

Für den Fall, dass man Trockenbohnen verwendet, diese über Nacht einweichen und am nächsten Tag mit 600 ml von dem Einlegwasser weich kochen.
Ansonsten die Bohnen aus der Dose abspülen und mit 500 ml Wasser zum Kochen bringen. Dabei den Schaum abschöpfen.

Das Mehl mit dem Salz unter ständigem Rühren in einem Topf goldbraun anrösten. Dieser Vorgang dauert ca. 15 - 20 Minuten. Das Mehl muss sehr heiß sein und es wird mit der Zeit ‚grisseliger'.
Nebenbei in einem separaten Topf das Schweineschmalz oder Öl sehr heiß werden lassen (aufkochen und Herd zurückschalten).

Die heißen Bohnen zusammen mit dem Kochwasser über das Mehl gießen und kurz unterrühren, so dass Bröckerln entstehen. Fett ebenfalls über den Sterz gießen und vermengen. Es sollen große („Oh ja, die sind innen dann immer so schön saftig") und kleine Bröckerln bleiben.

Sterz evtl. für 10 Minuten bei 120 °C ins Rohr geben.

ERDÄPFELRAHMSUPPE

2 große Erdäpfel
1 Msp gemahlener Kümmel
4 EL Sauerrahm
Salz
Pfeffer

Die Erdäpfel schälen, würfeln und in kaltem Wasser aufkochen bis sie bissfest sind. Einen zweiten Topf aufsetzen mit 500 ml Wasser. Dieses mit dem Kümmel aufkochen, ein Drittel oder etwas mehr der gekochten Erdäpfelwürfel und den Sauerrahm zugeben, pürieren und mit Salz abschmecken. Restliche Würfel einlegen und mit Pfeffer würzen.

GURKENSALAT

1 Gurke
1 kleine Knoblauchzehe
Verjus
Rapsöl
Salz
Zucker

Die Gurke schälen, längs halbieren, das Gehäuse mit einem kleinen Löffel herauskratzen und in Scheiben schneiden. Die Knoblauchzehe klein schneiden, mit etwas Salz und der flachen Messerklinge zerquetschen. Mit dem Verjus, Öl, Zucker und Salz unter die Gurke mischen und abschmecken.

EINGANG BACKST
Zutritt nur für Personal
römersteinbruch st.margarethen

GE
tspiele

Kaffee
QUICKY 2

HREINER
RUST
SCHREINE

DANKE...

Ohne Euch, ihr Lieben, wäre diese Projekt nicht möglich gewesen. Ihr habt euch Zeit genommen, uns unterstützt, uns neue Dinge gelehrt, Geschichten erzählt, die Gläser gefüllt, die Stimmung gehoben, geschnibbelt und gekocht und all die leckeren Naturalien produziert, die wir in unseren Rezepten verarbeitet haben.

NORBERT HABERHAUER

... dass du dich auf uns eingelassen, uns nebenbei Geschichts-, Musik-, Literatur- und Önologieunterricht gegeben, uns immer den richtigen Wein zum Essen kredenzt hast und mit uns in aller Herrgottsfrüh zum Sonnenaufgang in den Weingarten gefahren bist.

Weingut Haberhauer, Norbert Haberhauer, Weinberggasse 11, A-7071 Rust, www.nhaberhauer.at, (Welschriesling, Weissburgunder, Blaufränkisch, Pinot Noix, Rosé - Frizzante ‚Frizzo', Muskat-Ottonel Spätlese und Beerenauslese, Blaufränkisch Eiswein, Weissburgunder Beerenauslese, Ruster Ausbruch Essenz „Gold" uvm.)

ANGELIKA HABERHAUER

... dass du uns deine Buschenschankküche überlassen und uns mit allen Kleinigkeiten unterstützt hast, uns eine großartige Gastgeberin warst, die immer etwas früher auf den Beinen war als wir, mit uns die alten Familienfotos rausgekramt und uns den großartigen Clingfilm-Spender organisiert hast.

Buschenschank und Zimmervermietung Haberhauer, Angelika Haberhauer, Weinberggasse 11, A-7071 Rust, www.nhaberhauer.at/buschenschank/buschenschank.html, (Weckerlkreationen, Aufstriche, deftige Braten, saure Wurst, Milchreisnockerl, Roquefortpralinen uvm.)

URSULA SCHANDL

... dass du uns in deinen Garten, deine Küche und an deinen Holzofen gelassen hast, dass du dir viel Zeit genommen hast, um mit uns Striezel und Brot zu backen und uns jederzeit mit irren Geschichten gefesselt hast.

ELSA KARASSOWITSCH

... dass du dir viel Zeit genommen hast, uns in die Kunst der Bohnensterzzubereitung einzuweihen.

KATI FEILER

... dass du dich spontan hast anstecken lassen, bei uns vorbeizuschauen und mitzumachen, uns die Grammelpogatscherl gebacken und während entspanntem Geplauder, die Tarhonya mitgewutzelt hast und dass du mit uns einen großartigen letzten Weiberabend im Weinkeller bei ausreichend Getränken und kleinen Häppchen verbracht hast.

Weingut Feiler-Artinger, Kurt und Katrin Feiler, Hauptstr. 3, A-7071 Rust, www.feiler-artinger.at, (Pinot Blanc, Solitaire, Cabernet-Merlot, Frizzante Gelber Muskateller, Ruster Ausbruch Gelber Muskateller uvm.)

BARBARA SCHANDL

... dass du, schon bevor es richtig losging, uns Adressen und Ansprechpartner besorgt und im Buschenschank für uns immer einen Tisch freigehalten hast, wo wir uns die Mägen vollschlagen und die Einwohner von Rust und Umgebung kennenlernen konnten.

Buschenschank Peter Schandl, Barbara Schandl, Hauptstr. 20, A-7071 Rust, www.buschenschankschandl.at, (Wiener Backhendlsalat, Schnitzel mit Erdäpfelsalat, Brotzeit vom Büffet, Somlauer Nockerl, Mohnnudeln mit Zwetschgenröster uvm.)

PAUL+ELLE SCHANDL

... dass ihr mit uns im Weingut geplaudert, gechillt und getrunken habt.

Weingut Peter Schandl, Paul und Elle Schandl, Haydngasse 3, A-7071 Rust, www.schandlwein.com, (Pinot Noir, Blaufränkisch, Cabernet, Sauvignon Blanc, Chardonnay, Pinot Gris, Traminer, Gelber Muskateller Brut, Beerenauslese, Ruster Ausbruch uvm.)

CLAUDIA PRIEGLHUBER

... dass du uns besucht und mit uns geschnibbelt, gegessen und gewutzelt hast.

CHRISTA HAUTZINGER

WOLFGANG HAUTZINGER

Schafzucht Hautzinger
Christa und Wolfgang Hautzinger
Jägerweg 15
A-7162 Tadten
www.schafzucht-hautzinger.at
(Käse, Topfen, Joghurt, Fleisch)

MARTIN KARLO

Fleischerei Karlo
Martin und Barbara Karlo
Rosengasse 1
A-7152 Pamhagen
www.fleischerei-karlo.at
(verschiedenes Fleisch und Schinken vom Steppenrind, Lardo und Schinken vom Mangalitzaschwein, Räucherwurst, Blunzen uvm.)

VERA LEEB

IRMGARD LEEB

Alles Apfel
Familie Leeb
Wiener Str. 40
A-7161 St. Andrä am Zicksee
www.allesapfel.at
(Äpfel, Apfelsäfte verschiedene Sorten, Apfel-Cider uvm.)

SIMON TÖTSCHINGER

LyLys Honig
Simon Tötschinger
Obere Hauptstr. 27
A-7093 Jois
www.lylys.at
(Kirschblütenhonig, Akazienblütenhonig, Honigwaben, Propolis uvm.)

HANS SCHWARZ

Weingut Schwarz
Hans und Irmgard Schwarz
Hauptgasse 21
A-7163 Andau
www.schwarz-weine.at
(A Lita Schwoaz Weiss, Schwarz Rot, The Butcher Pinot Noir, Panta Rhei Blaufränkisch, Muskat Ottonel Strohwein uvm.)

Der Schemitz
Alfred und Petra Schemitz
Hauptstr. 66
A-7082 Donnerskirchen
www.schemitz.at
(Kirschen, Kirschbrand, Kirschessig, Schwarzkirschmarmelade u.a.)

Fischerei Augsten
Uferstr. 3
A-7071 Rust
Tel. +43 2685-510
(Räucheraal, Waller, Karpfen u.a.)

Pannonischer Safran
Johannes Pinterits
Ödenburgerstraße 55/1/3
A-7013 Klingenbach
www.pannonischer-safran.at

Mautner Markhof Feinkost GmbH
Mautner Markhof Gasse 39-41
A-1110 Wien
www.mautner.at
(Kren, Hesparidenessig, weißer Balsamico, Rotweinessig, Dijon Senf uvm.)

Markt der Erde
Schulgasse 1g
A-7111 Parndorf
www.marktdererde.at
(verschiedene Produzenten der Region)

Fleischerei Preiner
Wallernerstr. 32
A-7143 Apetlon
Tel. +43 2175 3526

KLEINES WÖRTERBUCH

anno Schnee	- anno dazumal
Blunzen	- Blutwurst
dag	- 1 dag = 10 g
Erdäpfel	- Kartoffeln
faschieren	- durch den Fleischwolf drehen
Fisolen	- lange Bohnen
Germ	- Hefe
Grammeln	- Grieben
Kren	- Meerrettich
Obers/Schlagobers	- Sahne/Schlagsahne
Paradeiser	- Tomaten
Pax	- Personen
Pul Biber	- eine Art getrockneter, zerstoßener Chili
Röster	- Kompott
Schulterscherzl	- Schaufelstück, Mittelbugstück
Tarhonya	- Eiergraupen
Topfen	- Quark

REGISTER

IMPRESSUM

CRASH MY BUSCHENSCHANK – Burgenland kulinarisch
Originalausgabe

ISBN 978-3-00-052749-4

1. Auflage April 2016, Deutschland

Idee, Umsetzung, Herausgeber, Verlag: Rabea Bilz
Layout: Rabea Bilz, Birgit Bösl

Druck: FIBO Druck- und Verlags GmbH, Fichtenstr. 8, 82061 Neuried, Deutschland

www.facebook.com/crashmybuschenschank
crashmybuschenschank@gmx.de